聖과 性의 여신

일본 유녀문화사

聖과 性의 여신
일본 유녀문화사

사에키 준코 지음
김화영 · 김홍래 · 이세진 옮김
사진 · 신현규

어문학사

미야가와 나가키(宮川長龜), 『유녀한담도(遊女閑談図)』, 에도 시대, 18세기, 도쿄국립박물관 소장본.

도센도 리후(東川堂里風), 『유녀입자도(遊女立姿図)』, 에도 시대, 18세기, 도쿄국립박물관 소장본.

레키센테이 소린(礫川亭素潾), 『시나가와 유녀도(品川遊女図)』, 에도 시대, 도쿄국립박물관 소장본.

가쓰시카 호쿠사이(葛飾北斎), 『에도 가부키 연극(東都歌舞伎大芝居の図)』, 1779~1794, 대영 박물관(British Museum) 소장본.

『유녀와 가무로(遊女禿図)』, 에도 시대, 18세기, 도쿄국립박물관 소장본.

『유녀와 가무로(遊女禿図)』, 에도 시대, 18세기, 도쿄국립박물관 소장본.

우에가키 요시타쓰(上柿芳龍), 『유곽도(遊廓図)』, 에도 시대, 도쿄국립박물관 소장본.

사토세(里勢), 『설날 유녀와 가무로(正月遊女と禿図)』, 에도 시대, 도쿄국립박물관 소장본.

『100년 전 요시와라의 광경(100年前の吉原の光景)』, 국제일본문화연구센터 소장본.

『일본 유녀문화사』 한국판을 발간하며

　　한국과 나의 인연은 80년대 초로 거슬러 올라갑니다. 당시 다니고 있던 대학에 한국어 강좌가 개설되었습니다. 대학에 입학한 지 얼마 되지 않았던 저는 당시에는 아직 생소하던 한국어에 도전해 보고 싶어서 강의를 듣게 되었습니다. 졸업 세미나는 서양사를 선택하여 한국어는 초급 과정만 들었지만 그 이후 한일학술교류 때문에 몇 번이나 한국을 방문할 기회가 생겼습니다. 그때 한국어 지식이 조금은 도움이 되어서 다행이었습니다. 연구직으로 근무하면서 한일국제학회에 참가하게 된 것은 1990년대 초반부터였습니다. 이때부터 시작하여 본서의 한국어판이 출판되게 된 시점까지 30년 이상의 인연을 되돌아보면 정말로 감개무량합니다.

　　일본어 초판의 출판은 벌써 26년 전으로 거슬러 올라갑니다. 초판을 출간한 1980년대 중반은 일본의 학술계가 여성학과 페미니즘에 대한 논의로 매우 활기를 띠던 시기로서 당시는 아직 젠더론보다도 여성론이나 여성사라는 형태로 남성 중심의 연구로부터 소외되어 오던 여성이라는 주제에 초점이 맞춰지던 시기였습니다. 본서가 초판 당시 나름대로 주목을 받았던 이유는 일본 사회에서 여성의 역사적·사회적인 입장에서 문제의식이 고양되던 시대적인 배경이 있었기 때문이라고 생각합니다.

　　말씀드리고 싶은 것은 본서는 유녀가 예능인(예능을 하는 여자)으로서 일본문화사에 중요한 역할을 하고 있었다는 사실을 문학적 자료를 바탕으로 증명한 것으로 결코 매매춘을 긍정하는 것이 아닙니다. 출판 당시 일부 독자로부터 그러한 비판을 받았지만, 과거 여성의 역사와 근현대사회에 있어서 여성의 모습과는 명확하게 다른 것입니다.

저는 여성의 성을 상품화하는 일본 사회의 윤리의식에 대해서는 단연코 비판적인 입장에 있습니다. 그것은 근년의 졸고 「마리아 루즈호의 망령(マリア・ルーズ号の亡霊)」과 본서 이후의 졸저 『이로와 사랑의 비교문화사('色'と'愛'の比較文化史)』, 『사랑과 성의 문화사('愛'と'性'の文化史)』 등을 참고하시면 이해하기 쉬울 것입니다.

본서가 '에도 시대의 성은 대범하다'고 주장한다는 오해도 있습니다. 한국의 독자 여러분께도 결코 그러한 오해를 초래하지 않도록 이 기회에 단호하게 부정해 두고 싶습니다. 거듭 말씀드리지만, 본서는 결코 매매춘을 긍정하고 있는 것이 아니며 '에도문화 예찬'도 하고 있지 않습니다. 에도 시대의 일본 유녀들의 생활은 빚, 성병, 차별 등 경제적·육체적·정신적으로 가혹한 상황에 직면해 있었고, 젊은 나이에 죽는 경우가 많았던 에도 유녀를 이상화하는 등 여성의 자유와 해방이라는 시점으로부터 자유로울 수 없습니다. 다만 위와 같이 억압받던 비참한 상황 속에서 극도의 사회적 약자로 살아온 유녀들의 삶이 결코 허무하지 않다는 것과 유명, 무명에 상관없이 유녀들이 일본 문화에 남긴 업적은 확실히 존재한다는 것을 증명하는 일이 근대를 살아가는 한 여성으로서 그리고 연구자로서 제가 할 수 있는 일이며, 또한 유녀의 인생을 산 여성들에 대한 진혼이라는 생각이 본서의 저변에 있습니다.

어리석은 매춘을 기반으로 하는 것이 아닌 여성과 남성의 정신적·물리적으로 평등한 관계를 구축하는 것이야말로 이상적인 사회의 모습이며, 그것이 제가 근무하는 도시샤대학을 창립한 니지마 조(新島襄)와 야에(八重) 부부가 메이지 시대에 실천하려고 한 것이었습니다. 연구라는 탁상에서 이루어지는 행위가 21세기 여성의 세계화를 위해 어떻게 기여할 수 있을지에 관한 절실한 문제의식이 본서의 근본이며, 그것은 현재에도 제 연구를 지지하는 동기라고 생각합니다.

오사카대학 대학원에서 수년간 제 수업을 수강하고, 자택에 2번이나 초대하며 교류를 쌓아 온 김화영 씨가 본서를 번역해주셔서 매우 기쁩니다. 고전문학과 근대문학이 혼재한 본서를 번역하는 데 많은 어려움이 있었을 것으로 생각합니다. 진심으로 감사 드립니다.

마침 작년 가을 대학원 동창생인 윤상인 교수가 서울대학교 아시아언어문명학부 일본언어문명 전공을 맡게 되었습니다. 서울에서 윤상인 교수와 번역자인 김화영 씨를 만나 셋이서 교우를 나눈 일도 있었습니다. 같은 동아시아 여성의 역사를 생각하고, 또한 한국에서 일본을 연구하는 데 본서의 한국어판이 조금이라도 도움이 될 수 있다면 더할 나위 없는 기쁨일 것 같습니다.

초판의 편집을 담당해주신 중앙공론사(당시) 고(故) 히라바야시 다카시 씨(平林孝)를 비롯해서 이 번역 출판을 위해 일해 주신 중앙공론신사와 한국의 어문학사 관계자 여러분께 진심으로 감사의 말씀을 드리고 싶습니다.

한일 문화교류발전을 기원하며
사에키 준코

서장 〈유녀, 그 문화사적 의의〉

유녀, 현대 일본 사회에서 이 말은 남자들이 데리고 노는 여자라는 의미 밖에 남아 있지 않은 것 같다. 노는 쪽은 남자이지 여자가 아니다. 그러나 '놀다'라는 말은 오늘날 일상적으로 사용하는 것처럼 가볍게 즐기는 것, 작은 유흥거리와 같이 '근면함'의 대립 개념은 아니었다. 그렇게 생각하면 유녀의 모습도 오늘날 우리가 생각하는 상식과는 다른 모습으로 다시 다가올 수 있지 않을까?

네덜란드의 문화사학자 요한 하위징아(Johan Huizinga)는 『호모루덴스』에서 "문화는 놀이의 형태를 띠고 태어났다. 처음에 문화는 놀이었다"라고 이야기하고 있다. 인간의 본질을 놀이에서 찾은 것은 헤라클레이토스, 플라톤까지 거슬러 올라갈 수 있는데, 하위징아의 '유희론'은 놀이에서 문화 활동의 근원을 찾으려고 하는 점에서 획기적이었다고 할 수 있다.

그러나 하위징아가 『호모루덴스』에서 다룬 놀이 사례는 너무 광범위하여서 사례들 모두가 실증적인 설득력을 가지고 있다고는 할 수 없다. 또한 일본에 대해서는 극히 일부만 다루고 있다. 그러한 이유로 일본문화사에서 유희라는 것을 다루려고 할 때 유녀가 신선한 연구대상으로 우리 앞에 나타나는 것이다.

유녀들이야말로 지금은 속세의 영역으로 떨어진 '성(性)'을 '성(聖)스러운 것'으로 여기며 여러 신과 함께 놀았던 여자들이었다. 춤과 노래를 즐기는 모습 속에 현재의 음악, 연극, 문학이라고 불리는 '문화'의 많은 부분이 아직 '문화'라고 자각하지 못한 태초의 모습을 간직하고 있다.

그러나 스스로 노는 여자로서 성스러운 힘을 가지고 있었던 유녀들은 유곽이라는 제한된 장소 안에 갇혀 멸시와 동경이라는 모순적인 사회의 감정을 받으며 결국 예능(춤과 노래)과 매춘의 분리를 통하여 오로지 음주 가무를 담당하는 '문화'인과 매음에 전념하는 창부로 나누어졌다. 이러한 변모 과정에서 사람들이 '신과의 놀이'의 배후에 인지하던 '성(聖)스러운 것'은 사라지고 쾌락만을 독립시켜 요구하게 되었다. 또 '놀이'의 내용 중에 '성스러운 것'이 사라지고, 저속한 성(性)과 고상한 문화라는 정반대의 가치관이 발생했다.

본서는 일본문학에 나타나는 유녀들의 모습을 그 계보를 따라가면서 살펴볼 것이다. 유녀라고 표기되는 여자들의 모습은 과거 문헌에 다양하게 나타나는데, 그중에서도 일본문학사의 전통은 그녀들을 다룬 이야기의 보고라고 할 수 있다. 『만요슈(萬葉集)』에서부터 그 모습을 드러내는 유녀들은 요쿄쿠(謠曲), 『료진히쇼(梁塵秘抄)』, 『간긴슈(閑吟集)』에서 중세를 자유롭게 활보하고 있었으며, 널리 알려졌듯이 근세문학은 유녀들이 없다면 시작할 수 없을 정도였다. 이러한 전통은 근대문학에도 이어진다.

한마디로 계보라고 해도 시대에 따라 변화하는 요소와 보편적으로 변하지 않는 요소가 존재한다. 본서에서는 이러한 변하는 것과 변하지 않는 것을 분명히 하기 위해서 이미지에 따라서 2부로 나누어 각 부 안에서 시간적 순서로 이야기를 풀어나가기로 한다.

우선 제1부에서는 성(性)적 영력과 가무를 통해서 종교적인 역할을 담당하고 마침내 사람들이 여신으로 섬겼던 유녀들의 모습을 따라간다. 유녀가 성과 관련된 일을 했다는 것은 종래 연구에서는 근대적인 성 관념에 근거하여 비판적으로 다루는 경우가 많았다. 하지만 고대 서아시아의 성애와 풍요의 여신인 이슈타르와 관련된 습속(習俗)과 비교하여 단순한 쾌락 추구를 넘어서는 의미를 지니고 있던 성(性)과 놀이의 모습을 알 수 있을 것이다(제1장). 『만요슈』를 통해 알 수 있는 유녀의 전승은 이러한 성스러운 성과 놀이의 모습을 보여준다. 이것은 표면상으로는 슬픈 사랑이야기이기 때문에 제2부에서 다루며 구체적으로는 가무를 통해 보살로 변모한 중세 유녀의 모습부터 이야기하려고 한다. 요쿄쿠나 가요(歌謠) 전승에서 노래를 부르는 무녀로서의 유녀 모습이 생생하게 나타나고 있다(제2장).

제3장에서는 오토기조시(御伽草子)에 등장하는 유녀를 통해 '유녀적인 것'의 문화사적 상징성을 생각해 본다. 일본의 2대 여류시인의 이름을 빌려 유녀는 노래와 호색(好色)의 신앙 세계에서 이상적인 여성으로 나타난다. 근세가 되면 그때까지 예능적 측면보다 호색의 여신으로서 받들어지는 유녀, 특히 신격화된 다유(太夫)의 모습이 가나조시(假名草子)에 그 모습을 드러내기에 이른다. 이에 관해서는 제4장에서 다루었다. 또한 유녀는 예능 철학을 체현하는 미의 여신으로서도 활약했다. 이것은 앞부분과 그 성격이 다르기 때문에 제5장에서 다루기로 했다.

이어서 제2부에서는 신격화라는 그림자 안에 감춰져 있던 유녀의 기구한 운명에 대한 감회를 살펴보기로 한다. 고대 유녀들의 신세 한탄은 중세에도 그 본질이 변하지 않고 계속된다. 그러나 그러한 슬픔은 현세 차원에서 그치지 않고 무상감에 대한 탄식으로 이어져 마침내 그녀들을 제1부와는 다른 차원에서 성스러운 존재로 만들어 간다. 제7장과 제8장에서는 앞부분에서 다루었던 중세의 설화나 가요들을 다른 시점에서 재해석한다. 근세에 이르면 슬픈 성녀로서 유녀들의 모습은 동반 자살(心中, 신주)이라는 더욱

극적인 형태로 분출된다. 본서에서는 다양한 근세 유녀의 모습 중에서도 특히 동반 자살하는 유녀에게 초점을 맞추어 그녀들을 동반 자살의 여신으로 만들어 간 지카마쓰 몬자에몬(近松門左衛門)의 세와조루리(世話浄瑠璃)를 중심으로 이러한 죽음의 문화사적 의미를 생각한다(제9장).

마지막으로 공창제도가 폐지되어 유녀들은 현실에서 그 모습을 감추었지만 그녀들의 후예라고 할 수 있는 창부의 모습 속에서 기존 유녀의 그림자가 숨 쉬고 있는 것을 확인해 간다. 10장에서는 유녀를 통해 성 자체에 대한 문제를 다루는 새로운 문학적인 태도를 살펴보는 것으로 마감한다.

각 장에는 장마다 주제가 되는 유녀의 성격을 상징하는 제목을 붙였다. 제1부와 제2부는 이른바 유녀상의 빛과 그림자를 살펴보고, 마지막 장에서 전체를 통해 밝혀진 유녀의 문화사적 본질을 총괄하기로 한다. 종래의 풍속사적 관점에서 나열에 그치고 있거나 '도덕적'인 여성사관에 의해서 부정적으로 다루어지는 경우가 많았던 유녀의 역사를 새로운 측면에서 살펴보지 않으면 안 된다.

유녀의 문제는 여성론적인 범위를 가지고 있다고도 할 수 있다. 기존의 여성론은 '여자=감성=자연', '남자=이성=문화'와 같은 도식에 의문을 던지면서도 결국에는 이 도식에서 벗어나지 못하거나 안티테제로서 모든 남녀의 성차를 부정하려는 경우가 많았다. 그러나 유녀문화사를 생각하는 데 있어 이러한 도식은 근본적으로 재고될 것이다. 그런 의미에서 본서는 여성사의 새로운 가능성을 개척하는 것이라고 할 수 있다.

나아가 일본 밖으로도 시야를 넓혀 유녀와 관련된 비교문화사로 발전시키고자 한다. 이것은 성(性)이라는 보편적인 현상과 관련시킴으로써 문화의 표층에 나타나는 다양성과 심층에 나타나는 공통성을 파악하는 '비교문화'적인 작업이 될 것이다. 이를 통해 진실한 '유녀문화사'는 완성되고, '문화란 무엇인가?'라는 근본적인 질문에도 단서를 제공하게 될 것이다. 본서를 이러한 과정의 작은 시작점이라고 생각해 주셨으면 한다.

늘 학문의 길에서 아버지처럼 자애 넘치는 관심을 주시는 하가 도오루(芳賀徹) 선생님, 그리고 미숙한 필자를 어머니처럼 끈기 있게 지켜봐 주시는 편집자 히라바야시 다카시(平林孝)씨의 지도로 본서는 완성되었다. 1985년에 도쿄대학 대학원 종합연구과 비교문학비교문화과정에서 석사학위 논문으로 제출한 「화려한 여자들—유녀문화사」를 수정하는 데에 많은 시간이 지나버렸다. 여러 가지로 지도해 주신 다카하시(高橋康也) 선생님, 논문 심사 때 귀중한 조언을 해 주신 히라가와(平川) 선생님, 모리야스(森安) 선생님, 가메이(龜井俊介) 선생님, 노비히로(延廣眞治) 선생님. 또 시간을 내어서 원고를 봐주시고 격려의 말씀을 전해 주신 이토 슌타로(伊東俊太郎) 선생님, 중앙공론사의 이와타(岩田) 선생님까지 모든 분에게 감사의 말씀을 전한다. 그리고 나에게 수많은 이야기를 남겨 준 유녀들에게도 감사한다.

I 이슈타르 이야기
—고대의 성과 놀이의 위상

1. 성스러운 성

우리는 그대에게 기원한다. 귀부인 중의 귀부인이여, 여신 중의 여신이여!
오! 이슈타르여! 모든 백성의 여왕이여! 인류의 지도자여!

아주 먼 기원전 7세기, 사람들이 달의 여신 이슈타르[1]에게 이렇게 호소했다는 기록이 남아있다. 그녀는 아스타르테라는 이름으로도 불리며 매우 이른 시기부터 서아시아 전역에 퍼진 풍요와 다산의 여신으로, 그녀에 대한 예배는 성적으로 분방한 성격으로 특징지어졌다고 한다.

그중에서도 매우 유명한 예가 헤로도토스의 기록일 것이다.

바빌론 사람들의 풍속 중에서도 매우 파렴치한 풍속이 있다. 이 나라의 여자는 누구라도 일생에 한 번은 아프로디테 신전에 앉아 알지도 못하는 남자와 성교를 해야 했다. …… 여자는 일단 이곳에 앉은 이상 누군지 알지도 못하는 남자가 돈을 여자의 무릎에 던져 놓으면 신전 밖에서 그와 성교하지 않는 이상 집으로 돌아갈 수 없었다. 돈을 던진 남자는 "뮤리타님의 이름으로 상대를 해 달라"라고 말만 하면 됐다. …… 돈의 액수는 얼마라도 괜찮았다.

---

1) 바빌로니아의 신화에 나오는 여신(女神). 미(美)와 사랑의 여신이며 전쟁의 여신.

결코 거부할 이유는 없었기 때문이다. 이 돈은 신성한 것이며 거부할 수 없는 규칙인 것이다. 여자는 돈을 던진 첫 남자를 따르며 결코 거부할 수 없었다. 남자와 성교를 하면 여자는 여신에 대한 봉사를 한 것이 되어 집으로 돌아갈 수 있었다.

헤로도토스 『역사』(마쓰히라 치아키〔松平千秋〕 역)

아프로디테는 미의 여신 비너스의 또 다른 이름으로 이슈타르와 같은 성격을 가진 신이다. 프레이저는 『황금 가지』에 '성격이 같은데 이름이 다른' 여신에 관한 성적 습속을 다수 소개하고 있다. 그가 말하는 대로 이러한 습관은 결코 '파렴치'하다고 단정해서는 안 되는 것이며 종교적 의무라고 간주되었다.

이에 그 아내인 이자나미노미코토에게 말씀하시기를 "당신의 몸은 어떻게 만들어져 있나요"라고 물으시기에 "내 몸은 거의 완성됐지만 만들어지지 않은 부분이 한 곳 있다"라고 대답하셨다. 이에 이자나기노미코토가 말씀하시기를 "내 몸은 거의 완성됐지만 여분으로 만들어진 부분이 한 곳 있다. 따라서 나의 이 여분으로 만들어진 부분을 당신 몸에서 만들어지지 않은 부분에 찔러 막아서 국토를 낳아보는 것은 어떨까?" 라고 말씀하자 이자나미노미코토는 "그것이 좋겠다"고 대답하셨다. 이에 이자나기노미코토가 말씀하시기를 "그렇다면 나와 당신이 아마노미하시라 기둥을 돌아 만나서 성스러운 교합을 하자" 라고 말씀하셨다.

『고지키(古事記)』[2]

---

[2] 712년에 편찬된 일본에서 가장 오래된 역사서.

이자나기와 이자나미 두 신이 성교를 하여 나라를 낳았다는 유명한 『고지키』의 한 구절이다. 이것을 '파렴치'라고 간주하는 사람은 역시 없지 않을까? 『니혼쇼키(日本書紀)』[3]에도 같은 내용이 적혀 있는데 이러한 꾸밈없고 구체적인 표현은 신들의 행위로서 엄숙하게 바라보는 성의 모습을 전하고 있다.

『고지키(古事記)』

『니혼쇼키(日本書紀)』

바빌론 사람의 풍속도나 나라를 낳은 신화 등의 오래된 기록들은 오늘날의 생식 목적 혹은 쾌락과 애정의 추구로서 하는 성적 교섭이 예전에는 성스러운 것이었다는 것을 이야기하고 있다.

그 이유를 두 가지로 나누어서 생각할 수 있을 것이다. 우선 성적 교섭이 생명의 탄생과 이어지고 있는 측면이다. 이슈타르도 풍요의 여신이며 이자나기와 이자나미 신도 국토라는 아이를 낳은 신이다. 새로운 생명의 창조는 배후에 인간을 초월하는 힘의 개재를 느끼는 비일상적인 체험이며, 그 자체가 경외의 대상인 동시에 원초적으로 생물의 풍요를 갈구하는 발상으

---

3) 720년에 완성된 일본의 역사서.

로 연결된다. 이러한 발상에 기인한 성적 풍요의례를 프레이저는 '유감주술'이라고 명명하고 역시 『황금 가지』에서 많은 사례를 소개하고 있다. 같은 현상은 일본에서도 보인다. 농경의례 다아소비(田遊び)[4]에서 오키나(노인) 가면과 오우나(할머니) 가면을 쓴 남녀의 성교는 벼가 잘 익기를 기원하는 것이었다.

한편 고대 일본인들은 성행위에서 신성함을 느꼈다. 성적 쾌락과 종교적 법열이 질적으로 같다는 것은 이미 많은 종교학자와 심리학자가 인정해왔던 바이다. 탄트라교와 신비주의에 잔존하고 있는 성적 쾌락이 신성시되는 것도 일찍부터 널리 사람들은 알고 있었다. "그리스 사람들은 이러한 신이 빙의된 의식 상태에 특히 관심이 있었다. ……성행위의 절정에도 영원한 것과 융합한다고 생각했다(G.R 테일러 저·기시다 히데(岸田秀)역 『역사의 에로스』)"라고 한다.

심리학자 융도 비구니의 체험담을 인용하면서 이러한 성적 감각이 신과의 '신비한 합일'이라는 체험과 연결된다고 설명하는 있는데, 특히 고대 종교에서는 그러한 황홀감이 자신과 타자와의 경계를 소멸시키고 우주적인 것과 일체를 이루는 기회가 되는 것으로 존중되었다고 한다.

생명창조와 관계가 있고, 행위 그 자체가 지닌 신비함 때문에 성적 교섭은 이중적인 의미를 가지면서도 신성한 행위였다. 그것은 "초인간적이며 비지상적인 것으로서 체험하는 것(G 멘싱 『종교는 무엇인가』)", 소위 신성함의 극치로서 금욕적인 교리를 가진 종교가 성립하기 이전의 신앙 세계의 원초적 모습이 여기에서 엿보인다.

---

4) 도작 작업을 흉내내면서 풍년을 기원하는 행위.

2. 신들의 혼인

헤로도토스의 사례에서는 '신성한 성'의 실천은 '모든 여자'에게 부과된 의무라고 한다. 이러한 의무를 특정한 여성이 담당하게 되면서 '신성한 매춘'이 나타나게 되었다.

> 아르메니아에서는 모든 가족이 딸들을 아키리세나에 있는 신전에 봉납하고 딸들은 거기에서 결혼 전 오랫동안 성스러운 창녀로서 지냈다. 그녀들이 봉사 기간이 끝난 다음에는 누구도 그녀들을 신부로 받아들이는 것을 주저하지 않았다.
>
> 『황금 가지』

프레이저는 이러한 습속을 다수 소개하고 있는데, 신분이 높은 여성을 종사시키는 사실은 사람들이 이러한 행위에 대하여 높은 가치를 두고 있었다는 것을 전해주는 것이다. 더구나 여자들이 성스러운 창녀였다는 사실을 결혼의 장해물로 보는 남자는 아무도 없었다. 그것은 성이 성스러운 차원에서 간주되어 왔기 때문이다.

헤로도토스가 기록한 사례에서 여자들에게 주어진 대가가 여자 본인이 아니라 신에게 봉납된다는 것에 주목하자. '뮤리타님의 이름으로' 여자는 몸을 바친다. 그리고 그 돈은 신성한 것이 된다. 이때 남자와 여자 모두 인간으로서 성교를 하는 것이 아니다. 이는 신의 이름으로 맺어지는 것으로 한 쌍의 남녀는 신성한 성의 모습을 체현하고 인간을 초월한 신들의 영역에 가까이 다가서는 것이다.

이와 같은 성스러운 성의 의례는 명백히 신과의 혼인이라는 형태를 취한다. 이것은 선택된 여자를 신의 아내로 바치는 것이다.

이집트의 테베에서는 한 여자가 아무몬 신의 배우자로서 신전에서 잤는
데…… 인간과는 성교를 하지 않았다고 한다. 이집트의 고서에는 그녀가
'신의 배우자'로서 종종 기록되어 있으며, 일반적으로는 이집트 왕비에게도
지지 않은 신분이었다.

『황금 가지』

신과 성교하기 위해 선택된 여자, 그녀의 성은 오로지 신을 위해 봉사하
지 않으면 안 된다. 필연적으로 그녀들은 처녀였다.

일본에도 이것과 같은 습속이 존재한다. 『겐지모노가타리(源氏物語)』[5]에
등장하는 '이쓰키노미야(齊宮)'이다. 『엔기시키(延喜式)』에는 "무릇 천황이
즉위하면 이세신궁에 이쓰키노미야를 정한다. 공주들 중에서 아직 결혼하
지 않은 자를 간택한다"라고 규정하고 있다. 이세오가미신사에 바쳐진 여성
이 이쓰키노미야이다. 마찬가지로 가모오가미에게 봉사하는 사이인(齋院)
의 존재도 널리 알려져 있다. 사이인도 자격을 미혼자로 규정하고 있다. 여
기에서 양자 모두 처녀성에 주의하고 있는 것은 신과의 관계를 의례적이며
형식적인 차원이 아니라 실질적인 성교로서 상정하고 있기 때문이다.

프레이저는 이러한 습속을 성스러운 결혼이라고 정리하고 있는데, 시간
적인 격차가 있더라도 동서양에 유사한 습속이 존재하고 있었다는 사실에
서 성에 관한 초기 관념의 보편성을 살펴볼 수 있다. 중요한 것은 불특정 다
수의 남성을 상대하는 성스러운 창녀 성창(聖娼)과 처녀만이 가능한 신의 아
내는 실천적인 표현에서는 정반대이면서도 그 본질은 같다는 점이다. 성창
들은 '성스러운 처녀들'이라고 불렸다.

---

5) 11세기 헤이안 시대 중기에 지어진 소설. 54첩에 달하는 장편으로 이루어져 있으며
   800여 수의 와카(和歌)가 수록되어 있다.

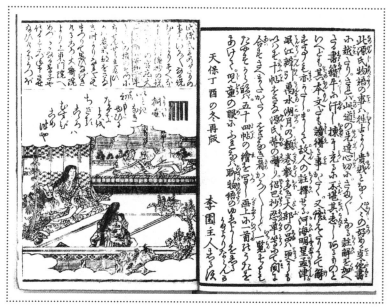

『겐지모노가타리(源氏物語)』

　　신전의 성창들이 불특정 다수의 남자들에게 신체를 허락한다는 것은 특정한 남자의 개인적인 소유가 아니라는 뜻이다. 그녀들의 성은 공유되는 것이다. 한편 신에게 바쳐진 성처녀(聖處女)도 현실에서 어떠한 남자의 소유가 되는 것도 허락되지 않는다. 한편으로 모두의 것이기 때문에 그 누구의 것도 아니며 다른 한편으로는 실제로 누구의 것도 될 수 없다. 그것은 그녀들의 성이 둘이면서 인간을 초월한 존재에게 바쳐졌다는 것에 기인한다. 현세에 속하지 않는 성을 사는 그녀들은 신의 아내이자 또한 성창인 것이다.

　　하지만 신의 처녀아내의 경우에는 현실의 남자에게 어떠한 역할을 맡기도 한다. 신의 입장을 남자가 대행하는 것이다. 태정관부(太政官符)[6]에서는

---

6) 일본의 율령제도에서 태정관이 관청에 보낸 공식 문서.

그러한 상황을 여실하게 이야기하고 있다.

> 이즈모노쿠니쓰쿠리노미얏코 지방 관리가 신에게 제사 드리는 일로 위장해
> 수많은 여염집 여자를 범하여 첩으로 삼는 것을 금하는 일.
> (전략) 요즘 듣기에 전 구니쓰쿠리노미얏코 지방 관리는 신관을 겸무하였
> 다. 새로이 임명되는 날 곧바로 정실 부인을 버리고 수많은 여염집 여인들
> 을 신관의 우내메(采女)로 만들어 준다는 빌미로 자신의 첩으로 삼았다. 이
> 러한 만행은 끝이 없었다. 이는 바로 문란한 신의 제사로 이어져 음란한 풍
> 속을 부채질하였다.

신주를 겸직하던 이즈모 관리가 신에게 제사를 지내는 일로 꾸며서 수
많은 농민 여성들을 아내로 맞이하였기 때문에 음란한 풍속이 생겼다. '신
의 제사로 꾸며서'라는 것은 핑계가 되는 제사가 존재하는 것을 의미한다.
오리쿠치 시노부(折口信夫)는 민간에서도 여자가 신을 맞이하는 습속이 널
리 전파되어 있었다고 논하면서 이때 신을 지칭해 여자를 방문한 남자가 있
었다는 가능성을 지적하고 있다. 아마 여기에서도 한 남자가 신의 역할을
대행하였을 것이다.

근년에도 농사일에 대해서 신의 뜻을 물어보는 신주와 무녀의 관계가
본래 성적인 것이었다는 증언이 나오고 있는데 이에 『고지키』에서 나라를
낳기 위한 성교를 이야기하고 있는 이상 그것은 당연히 예측된 결과였다.
이자나기와 이자나미의 성스러운 혼인은 사이구와 사이인, 또는 제사를 주
관하는 남성과 여성들에 의해 계속 모방되어 왔다.

서양의 성창 또는 신의 처녀아내와 같은 지평에 위치한 사례를 키워드
로 일본에서는 '무창(巫娼)'이라는 존재가 기록되어 왔다. 무창이란 결국 무

녀이며 창부인 여성을 말한다. 오키나와의 유녀 겸 무녀인 주리(尾類)의 존재를 근거로 유녀의 무녀기원설을 제창한 대표적인 선학으로 나카야마 다로(中山太郎)와 야나기타 구니오(柳田国男)가 있다. 그러나 이들은 기본적으로 무녀가 창녀가 되는 이유를 여자가 무녀로서 살아가기 위한 생활 수단으로 매창이라는 방법을 선택했다고 해석하고 있다.

야나기타 구니오는 유녀가 주로 담당한 종교적 부분은 어디까지나 가무이며 무녀이자 무창이었기 때문에 사람들에게 천시받았다고 한다.

『유녀의 역사』와 『에구치·가미자키』를 저술한 다키가와 마사지로(瀧川政次郎)에 이르러서는 '유녀=무창'이라는 설 자체를 부정하는 태도를 취하였다. 다키가와는 "성적 주술은 신성한 행위이며 웃음을 파는 매소(賣笑)는 음란한 행위이다"라고 하며 종교적인 성과 매창을 단호히 구별하고 "성적 주술을 행하는 무녀를 수치를 잊은 여성이라고 말하기 어렵다"라고 했다.

그러나 과연 불특정 다수의 남성과 성교하는 것은 정말로 오늘날의 매춘과 같은 의미라고 단언할 수 있을까? 그리고 매창과 같은 행위를 '수치를 잊은' 행위라는 오늘날의 감각으로 판단해도 될 것인가? 프레이저가 기록한 성스러운 다음(多淫)과 성창의 존재를 비교해 볼 때 이러한 판단은 상당히 의심스러우며 현대적 관점에 맞춘 왜곡된 생각이라고 본다.

이에 대해서 야마가미 이즈모 (山上伊

나카야마 다로(中山太郎) 『매춘 3000년사 (売笑三千年史)』

야마가미 이즈모(山上伊豆母) 『무녀의 역사
(巫女の歴史)』

묘母)가 『무녀의 역사』에서 제시한 견해는 경청할 만하다. 야마가미는 "무녀가 유녀로 바뀌는 요소는 실은 신령이 머무는 장소로서 자연신의 강림을 기다리는 원시 무녀의 시대부터 존재하고 있었다"라고 말하며 무녀가 신의 아내가 되기 때문에 무녀는 '성혼'의 상대자로서 일컬어져 왔다고 주장했다. 이것은 유녀의 성스러운 성에 대한 가능성을 이야기한 드문 예로 평가할 수 있다. 다만 야마가미의 견해에도 함정은 있다. 그것은 '무녀가 유녀로 바뀐다'는 발상이다. 이러한 발상은 야나기타와 다키가와의 차이를 만들고 있다. 유녀는 무녀의 일종이 아니다. 예전에는 유녀라는 표현 그 자체가 무녀라는 의미를 가졌다.

3. 성과 죽음의 놀이

유녀라고 불리는 이상 유녀들의 성은 놀이에 지나지 않고 더 이상 어떠한 의미도 없다고 판단하는 것은 '놀이'의 의미 변화를 고려하지 않은 역사 의식에 대한 초보적인 착오이다. 언어학자는 언어의 의미가 시대 흐름에 따라 변화하는 것을 지적하고 있으며, A·달메스테텔 등은 '역사적 원인'을 시작으로 하는 몇 가지 사실에서 그 요인을 찾고 있다. 야나기타 구니오는 확실히 '놀이'에 대해서 이러한 의미 변화를 인정하고 "유녀, 유곽 등에서 놀이(遊, 유)의 의미는 원래 유교조닌(遊行上人)[7]의 유교(遊行)와도 같은 뜻으로, 다만 한 곳에 머물지 않고 떠도는 것을 의미하지만 뜻밖에도 일본에서 빨리 토착화되었기 때문에 나중에는 이것을 관현악 연주놀이로 해석하게 되었다(창녀, 하녀)"라고 설명한다.

상대 시대의 모든 문헌에서 '놀이'의 용례를 검증하면 대부분이 수렵과 관현 가무이다. 이미 이누쓰카 아사(犬塚旦)가 「'놀이'의 오랜 뜻」이라는 논문에서 '놀이'의 용례를 섭렵하고 분류하였는데, 일본어 '아소부 (あそぶ)'에 가까운 말로써 한자 '遊(놀 유)'를 설명하고 의미 자체는 일본어 본래의 '마음을 위로하고 즐거워하는 것'으로 사용되었다고 결론을 내리고 있다. 이누쓰카가 관현 가무와 수렵이라는 구체적인 행위가 아니라 먼저 심적 상태를 가리키는 말로서 '놀이'가 있었다고 주장한 것은 탁월하다고 말할 수 있다. 다만 '마음을 위로한다'는 것보다 정확하게는 '영혼을 위로한다'라고 말해야만 했다. 고대 '놀이'의 용례로서 매우 유명한 『고지키』의 한 부분을 보자.

> 고로 아메노와카히코의 아내 시타테루히메의 울음소리가 바람이 부는 대로 울려 퍼져서 하늘나라에 다다랐다. 이에 하늘나라에 살고 있던 아메노와카히코의 아버지 아마쓰쿠니타마노카미와 아내, 그리고 자식들이 듣고서는 아래로 내려와 슬피 울며 바로 그곳에 장례식장을 만들어 (중략) 여덟 낮 여덟 밤을 놀았다.

다카기노카미의 화살에 맞아 죽은 아메노와카히코의 아내와 아버지는 매우 슬퍼하여 '여덟 낮 여덟 밤을 놀았다'고 한다. 이러한 사자를 모시는 의

---

7) 각 지방을 돌아다니며 수행하는 승려.

『료노기게(令義解)』교본

례를 영혼을 불러오기 위한 것이라고 간주할지 영혼을 위로하기 위한 것으로 간주할지에 대한 문제는 제쳐놓더라도 적어도 죽은 자의 영혼에 관한 행사가 '놀이(遊)'라고 불렸던 것은 확실하다. 이것은 '유부(遊部)'로서 명확하게 제도화되었다. 『료노기게(令義解)』[8]에 "유부는 저승과 이승의 경계를 가르고 죽은 자의 영혼을 진정시키는 씨족이다"라고 적혀 있다. '저승과 이승의 경계를 가르고 죽은 자의 영혼을 진정시키는 씨족', 다시 말해서 이 세상에서 저 세상으로 넘어간 영혼에 관한 의례를 집행하는 곳이 '유부'이며 이들은 '천황이 죽을 때'까지 그 임무를 다했다고 한다.

나카야마 다로(中山太郎)와 고라이 시게루(五来重)는 이전까지 유녀의 기원을 '유부'에서 찾았다. 그중에서도 고라이는 유부가 여자에게 상속되었던 점과 직무가 진혼주술이라는 점을 지적하였다. 또한 유행 유녀와 유랑 무녀

8) 833년 준나 천황(淳和天皇)에 명에 따라 선집된 법령 해설서.

아메노우즈메노미코토(天宇受賣命)

가 분화하여 중세의 무녀와 유녀의 기원을 이루었으며 "유행 무녀인 유랑
무녀가 무녀성을 현대의 이타코(イタコ)까지 지속한 것에 반해, 유행 유녀는
유녀의 매소성과 예능성으로 전환·변질되었다(「중세여성의 종교성과 생활」)"라
고 기술하였다.

여기에서 고라이가 '매소성'을 이야기한 근거는 유명한 아메노우즈메노
미코토(天宇受賣命)의 에로틱한 춤 때문이다. 아마노이와야도 동굴에 숨어
있던 아마테라스오미가미를 유혹하려고 아메노우즈메는 "신이 들려 젖가
슴을 드러내 놓고 옷고름은 음부까지 흘러내렸다"라고 『고지키』는 전하고
있다. 이상하게 생각한 아마테라스오미가미가 "무엇 때문에 아메노우즈메
는 놀이를 하고 또한 팔백 만의 신들도 모두 웃고 있는가?'라고 물었다. 아
메노우즈메는 "당신보다 더 훌륭한 신이 계시기 때문에 즐거워서 웃으며 놀
고 있습니다"라고 대답했다. 가슴과 음부를 노출한 아메노우즈메의 춤은 확
실히 '놀이(樂)'라고 기록되어 있다.

다만 고라이는 성적인 요소를 매소성으로 '전환·변질'된 요소라고 하는
데 고라이의 주장처럼 유녀가 유부를 기원으로 하고 있다면 그것이야말로

그녀들이 지닌 매소성의 성스러움을 뒷받침한다고 말해야 하지 않을까?

　　　이슈타르가 돌아갈 수 없는 나라에 내려갔을 때부터
　　　수소 암소에 타지 않고
　　　수노새 암노새에 타지 않고
　　　남자는 더 이상 길거리에서 여자에게 인사하지 않고
　　　그의 방에서 잠을 자고
　　　그녀도 혼자서 잠을 잔다.

『이슈타르가 하데스에 하강하다』

　풍요와 성애의 여신 이슈타르가 죽은 애인 단무즈를 쫓아 저승으로 내려가자 지상에서는 일제히 번식이 멈추고 죽음을 기다릴 뿐이었다. 성과 생의 충만을 관장하는 여신은 그러한 종말을 초래했다. 그녀는 '인간과 신의 힘·생명·건강이며 반대로 악·죽음·파괴자(M 에스터 하딩 저·히쿠치 가즈히코〔樋口和彦〕, 다케다 노리미쓰〔武田憲道〕 역 『여성의 신비』〕였다.

　성의 결과로서의 탄생과 그 결말인 죽음, 그리고 새로운 재생과 생명의 연쇄 위에 있는 성과 죽음의 관념적인 거리는 일찍이 현재보다 매우 짧고 또한 성스러운 것과 연관되어 이야기되었다. 현재 우리는 겨우 인간을 초월하는 타자인 신의 존재를 인식한 감성만을 가지고 있는 것처럼 보인다. 그러나 생명에 대해서 성과 죽음이란 것은 극한적이고 비일상적인 체험으로서 고대의 축제에서 다이나믹하게 결합하고 있었다.

　생명의 소모를 성의 충만함으로 대처하는 방식은 고대인에게 아마도 매우 합리적인 발상이었을 것이다. 이슈타르가 지상을 떠나 다시 돌아올 때 성과 생이 다시 생기는 메커니즘은 아마테라스오미카미가 아마노이와토 동굴에 숨은 것으로 인해 '많은 재난이 일어'난 땅에서 아메노우즈메가 성적인 주술로 부활하는 원리에 대응한다.

성과 죽음의 친화가 더 강렬한 모습으로 확인되는 의례도 있었다. 슈버틀은 저서 『종교와 에로스』에서 여신 아나이티스를 추앙하는 페르시아인의 열광적인 축제에 대해서 말하고 있다.

> 전 민중의 환호와 주시 앞에서 행해지는 유녀와 정부의 공개 성교는(이것은 지금도 인도네시아에서 행해지고 있다) 제의의 정점을 이루는 것이고, 방종하며 제약 없는 집단 혼교가 시작되는 신호이기도 했다. (중략) 그와 성교한 유녀는 성교한 후에 수컷 거미를 먹어치우는 암컷 거미처럼 인정사정 보지 않고 그를 죽어 버린다.

성과 죽음은 인간에게 현세의 차원을 뛰어넘는 것, 성스러운 존재, 신들을 의식하는 체험이었다. 그리고 아메노우즈메의 동작이 '놀이(樂)', 장송의례가 '놀이(遊)'라고 불린 것처럼 이러한 성스럽고 타계와 교감하는 것이 '놀이'였다. 가무와 한 곳에 정주하지 않고 여기저기 떠돌아 다는 것(야나기다)이 놀이라고 불린 것도 틀림없이 이것이 성스러운 것과 관련된 행위였기 때문일 것이다.

하지만 타계와의 접촉으로 맛보는 성스러운 황홀, 망아의 경지가 혼자 걷기 시작하여 놀이의 쾌락과 재미로서 성스러운 것과는 멀어진다. 하위징아는 이러한 점을 지적하지 않았기 때문에 무모한 비판을 자처하고 있었다. 단지 G. 바타유만이 하위징아가 시사한 성스러운 놀이의 차원을 알아보고, 그것을 지고성(至高性)과의 관계로 파악하고 있다. 바타유는 "에로티시즘에 대해서는 죽음에까지 이르는 성에 대한 찬양이라고 말할 수 있다"고 명쾌하게 이야기한다. 그는 성과 죽음의 놀이에 대한 좋은 대변자일 것이다.

이렇게 놀이가 성스러운 것과 관련된 행위라고 명쾌해진 이상 '유녀'도 종교적인 여성이라는 의미가 있었던 것을 자연스럽게 알 수 있다. 그녀들은 결코 '성실하지 않은 성'을 영위한 여성들이 아니었다. 생명을 활성화하는 신성한 성으로 유녀들은 '놀고' 있던 것이다. 아르메니아의 성부와 같이 선명한 윤곽은 전할 수 없지만 오리쿠치 시노부(折口信夫)는 다음과 같은 발언을 남겼다.

> 마을 청년에게 결혼법을 가르치는 여자가 있었다. ……종교적인 여성으로 처음 생식(生殖)의 길로 들어선 여성들이다. 이것은 종교적인 관문을 통하는 것으로, ……보통 신사에서 일하고 있는 무녀가 이러한 행위를 한 것은 예전부터 기록으로 남아 있었다. 신사에서 일하지 않더라도 종교적인 요소를 가지고 있는 여성이면 된다. 그중에는 여행을 하는 유녀도 있었고 마을에 부속된 유녀, 신사와 사원 근처에 사는 유녀 등이 있었다.
>
> 「무녀와 유녀」

여기에서 말하는 기록이 무엇을 가리키는지는 정확하지 않아 명확한 증거를 제시할 수 없어서 안타깝지만 '생식의 길'을 '종교적인 관문을 통하는 일'이라고 명언한 오리쿠치의 발언은 근대적인 성 관념에 얽매이지 않고 유녀의 성을 자리 매기는 귀중한 견해라고 말할 수 있다.

4. 공동 체험으로서의 성

이자나기와 이자나미의 성혼은 계승되어 풍요 여신의 제례에서는 유녀와 정부(情夫)가 공개적으로 성교했다. 성이 신성한 시대에는 성관계가 종종 공적이었던 것도 강조해 두지 않으면 안 된다. 현재 성은 극히 개인적인 영역에 속하는 행위라는 것이 일반적인 견해이다. 신들의 혼인은 모두가 공유하는 사회적·정신적인 재산이었기 때문에 제의와 신화로 성립되어서 필연적으로 개인이 아니라 결국 복수의 사람들에 의해 확인되었던 것이다. 유녀와 정부의 공개 성교가 제약이 없는 집단 혼교의 시작을 알리는 신호였던 것을 기억해두자. 여기에서 유명한 쓰쿠바 산의 가가이(嬥歌) 노랫소리가 연상된다.

> 독수리가 사는 쓰쿠바 산에 모하키쓰 나루터. 나루터 주위에 줄을 지어 여자와 남자가 모여서 노래를 주고받는 가가이에서 다른 사람의 아내와 내가 뒤섞이고, 나의 아내도 다른 사람에게 말을 건다. 이 산을 지배하는 산신이 예부터 금하지 않았던 행사란다. 오늘만큼은 뚫어질듯 보지 마라. 벌어진 일도 탓하지 마라.
>
> 『만요슈』

여기에서 성은 현세적인 쾌락의 차원을 넘어 신과의 관계 속에서 명확히 파악되고 있다. 집단 혼교는 신사 내 광장과 산 근처에서 널리 행해졌으며 소위 집단공동체의 연대를 확인하는 기회도 되었다.

> 누구든지 예전에는 유희자였던 적이 있다. 유희의 지식은 단순히 개인적인 것에 멈추지 않고 공동적·공공적인 지식이다. ……놀이 속에서 우리는 타인과의 공동 접촉을 특히 확신한다.
>
> 오이겐 핑 『유희의 존재론』(이시하라 다쓰지〔石原達二〕 역)

여기에서 공동 접촉이 주는 '유희의 지식'은 보다 적절하게 유희의 재미와 쾌락이라고 말할 수 있다. 하위징아는 놀이의 재미를 어떠한 해석도 근

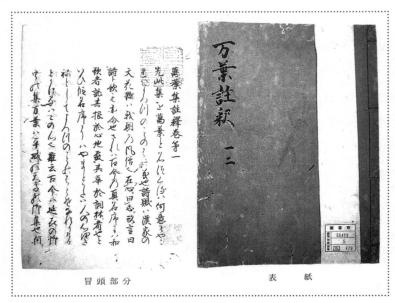

冒頭部分　　　　　　　　表　　紙

『만요슈(萬葉集) 주석집』

거도 없는 근원적인 체험이라고 말하고 있지만, 재미있다는 보편적인 감정을 공유하는 것을 통해 우리는 타인과의 긴밀한 일체감을 획득할 수 있다. 재미라고 말하는 것보다도 '망아'의 경지라는 것이 훨씬 알기 쉬울 것이다. 심리학자는 인간에게서 자아와 타자의 구별은 성장을 동반하며 성장하는 것이고, 유아기에는 "자신과 타인이 공통의 상태 속에서 융화되고 분리되지 않은 상태"라고 논하고 있다. (앙리 왈론의 발달심리학 등) 놀이가 주는 문자 그대로의 망아적 도취가 우리를 일시적으로 이러한 주객이 미분화된 상태로 만들어 주어 사람들은 연대감을 높이게 된다. 그리고 하위징아가 알지 못했지만, 집단적인 쾌락 속에서 성은 커다란 위치를 차지한다. 신 앞에서 고조된 성이 자신과 타인의 경계를 없애고 성스러운 것과 일체화하는 감각을 동시에 맛보게 한다.

여기에서 이러한 성의 연대를 바라보는 신이 여신인 점에 주목할 수 있다. 쓰쿠바 산의 가가이 노래는 "이 산을 지배하는 산신이 예부터 금하지 않았던 행사란다"라고 노래하고 있다. 민속학자 지바 도쿠지(千葉德爾)는 성을 둘러싼 신앙을 이야기한『아내와 산신(女房と山の神)』에서 "산신은 신기하게도 민간신앙에서 신의 성별을 설명하는 것이 많다"고 말하였다. 오리쿠치 시노부도 "일본의 신도에서는 대부분 존귀한 남신 이전에 존귀한 여신이 있었다"고 설명하며 산신을 여신이라고 해석하고 있다(「후지산과 여성신의 모습」). 군혼(群婚)의 성역에는 생식의 신인 어머니신을 모시고 있다고 하는데, 풍요와 성애의 신 이슈타르도 또 다른 이름인 아프로디테, 뮤리타, 아나이티스 신들도 모두 여성이었다. 여성의 성적인 특성인 아이를 낳는 것에 대한 경외와 숭배가 아마도 배경으로 작용하고 있었을 것이다. 그것은 '여성'을 특별하게 취급한다기 보다도 생명 그 자체의 신비에 대한 신성한 감수성으로 표현한 것이며, 단순하게 남성들의 여성 환상이라고 비판할 수 있는 문제는 아니다. 여기에서 우리는 쉽게 페미니즘에 빠져서는 안 되며 냉정하게 여성의 성 문화사적인 의미를 파악하지 않으면 안 된다.

오키나와에서는 모든 여성의 무녀성을 인정하는 신앙이 존재한다고 하며 이것을 널리 세상에 알려 여성의 종교적 성격을 설명한 것이 다름 아닌 야나기타 구니오 (柳田国男)의 『여인의 힘(妹の力)』이었다. 그는 이

야나기타 구니오(柳田国男)『여인의 힘(妹の力)』

에 대한 근거를 '여성의 특수한 생리'와 '아이를 낳고 기른다'는 데에서 찾고 있다. 그러나 양자 모두 성적인 특성에서 유래한 것이다. 야나기타는 성에 대하여 논하고 있는 부분은 적으며, 유녀의 성에 대해서도 부정적으로 평가하고 있다. 『여인의 힘』의 주장이 서론에 적은 헤로도토스의 기술처럼 모든 여자가 뮤리타에게 봉사할 의무와 전혀 관계가 없는 것은 아니다. 이러한 여성의 성적 종교성의 배경에는 모권제 시대를 인정한 견해로『모권론』을 저술한 바흐오펜을 비롯해서 그의 영향을 받은 엥겔스와 헤겔, 가까이는 크리스테바 등의 사상이 있다. 모권제의 존재 여부에 대해서는 신중하게 이야기하고 싶지만 적어도 성적인 종교 의무를 여성이 담당하였을 가능성은 일본에도 있으며 그러한 여성의 성스러운 성의 신비는 유녀의 전승을 살펴 나가면서 명확하게 될 것이다. 그렇다면 이제부터 노래하는 유녀의 모습과 유녀에 대한 계보를 거슬러 올라가는 시간여행을 떠나보자.

「요시와라 유행의 첨단을 걷는 여성(吉原の流行の
先端を行く女性)」, 국제일본문화연구센터 소장본.

II 뮤즈 이야기

―노래와 춤의 보살

1. 노래하는 요정들

야마시로노쿠니(山城国) 지방의 요도노(与渡津) 항구에서부터 큰 강을 따라 내려가 서쪽으로 하루정도 가면 가야(河陽) 지역이다. 산요(山陽), 난카이(南海), 사이카이(西海), 이 세 길을 왕래하는 사람은 모두 이곳을 지나야 한다. ……지류가 가와치노쿠니(河内国) 지방으로 향하는 강 입구이다. 셋쓰노쿠니(摂津国) 지방에 도착하면 간자키(神崎), 게시마(蟹嶋) 등의 지역이 있다. 문을 나란히 한 집이 이어지며 인가가 끊이지 않는 곳이다. 여기에 유녀가 무리 지어 살고 있다. 작은 배를 타고 객선에 다가가 잠자리를 권한다. 그녀들의 목소리는 뭉게뭉게 흘러가는 구름을 멈추게 하듯 강바람에 실려 들려온다. 지나가는 사람은 모두 고향일 같은 것은 잊어버리게 된다.

오에노 마사후사(大江匡房)『유녀기(遊女記)』

옛날 에구치, 간자키의 강 부근에는 유녀들의 노랫소리가 끊이지 않고 있었다. 지나가는 여행객들은 고향을 잊고 푹 빠져 버렸다고 한다. 마치 유럽의 세이렌을 연상하게 하는 강의 노래 요정들.

갈대 사이로 달을 노래하며 젓는 배에
내 마음이 먼저 옮겨 타게 되었네

파도 사이로 내려가는 작은 배 이어 매어져
달빛 아래 노래한 그 여인 그립구나

유녀들의 모습은 31자의 와카로 만들어졌다. 또한 『신사루가쿠기(新猿
樂記)』에서 말하기를

16살 아가씨는 유녀들의 여주인으로 에구치(江口)나 가와지리(河尻)에서도
유명한 미녀였다. ……낮에는 큰 우산을 펴고 그늘 아래에서 신분이 높고
낮음에 관계없이 남자에게 자신의 몸을 맡긴다. 한편 밤에는 뱃전을 두드리
고 노래하며 오가는 여행객들에게 자신의 마음을 맡긴다. ……그녀의 목소
리는 가릉빈가[1]의 노랫소리와 같고 그 모습은 천녀와 같았다.

소토오리히메(衣通姫)

　　불교에서 극락에 산다고 하는 상상의 새
가릉빈가를 연상시킬 정도로 아름다운 목소
리. 앞서 말한 『유녀기』의 오에노 마사후사도
"소토오리히메(衣通姫)[2]의 화신인가"라고 유
녀들을 비유하였다. 스가와라노 다카스에(菅
原考標)의 딸[3]도 이러한 여자들의 목소리에
마음이 움직인 한 사람이다.

---

1) 가릉빈가. 불교에서 극락에 살며 고운 소리로 운다는 인두조신(人頭鳥身)의 새.
2) 인교(允恭) 천황의 비.
3) 헤이안 시대의 여류문학자.

다카하마(高浜)라는 곳에 머무르게 된 저녁에 어두운 암흑이 드리우고, 밤이 깊어가면서 노 젓는 소리가 들려온다. 무엇인지 물어보니 유녀가 왔다고 한다. 사람들은 흥에 겨워서 배를 밧줄로 이었다. 먼 불빛 아래에 옷소매가 길게 늘어진 옷을 한 겹 입고 부채로 얼굴을 가리며 노래하는 모습이 매우 가련하게 보였다.

『사라시나닛키(更級日記)』

그녀는 여기에 머무르지 않고 유녀의 목소리를 들은 것을 일기에 기록하고 있다. 조금 길어지지만 인용해 보자.

아시가라야마(足柄山) 산은 사나흘 전부터 무서울 정도로 어두운 길이 이어졌다. ······산기슭에 잠시 머물게 되어 달도 없는 어두운 밤에 길을 잃어버릴 것 같을 때에 유녀 3명이 어디선가 나타났다. ······머리카락은 매우 길고 이마에 적당히 걸려있었고, 피부는 하얗고 깨끗해서 이대로 충분히 수도에서도 통할 수 있다고 사람들이 감탄하였다. 그녀들은 비교할 수 없을 정도로 밤하늘에 청명하게 울려 퍼지듯이 멋지게 노래 불렀다. ······사람들이 서로 흥에 겨워서 "서쪽 지방에 사는 유녀는 이처럼 노래하지는 못할 거야"라고 말하는 것을 유녀가 듣고 '나니와(難波) 지방의 유녀에 비하면 아직 멀었습니다"라고 말하고 또 한 곡을 불렀다. 외모만 보아도 깨끗하고, 목소리조차 비교할 수 없을 정도로 훌륭하게 부르며, 이토록 무서운 산속을 걸어 다시 떠나가는 그녀들의 모습에 사람들은 아쉬워하며 모두 눈물을 흘렸다. 당시 어린 내 마음에는 무엇보다도 이곳에서 떠나야 한다는 사실이 매우 아쉬웠다.

무서울 정도로 어둠이 내려앉은 산중에 갑자기 모습을 드러낸 3명의 유녀. 그녀들은 깔끔한 모습을 하고 게다가 좀처럼 보기 힘든 훌륭한 노래를

피로(披露)하였다. "하늘에 청명하게 울려 퍼지듯이"라는 표현에서 달도 없
는 깜깜한 밤에 울려 퍼지는 그녀들의 목소리는 일종의 종교적이라고 할 수
있을 정도로 감명을 불러일으켰다.

이와 같이 유녀들을 언급할 때는 아름다운 목소리가 빠지지 않는다. 유
녀의 예능은 '가무'라는 한마디로 설명하는 경우가 많지만 주의 깊게 읽어
보면 목소리에 관한 기록이 현저히 많다. 여기에서 노래를 부른다고 하는
행위가 어떠한 의미를 지니고 있는가를 생각해 보기로 하자.

2. 신을 부르는 노래

유녀들의 입에 오르는 노래를 다수 수집한 중세의 가요집 『豆진히쇼(梁
塵秘抄)』[4] 구전집은 노래의 유래를 아래와 같이 설명하고 있다.

> 예부터 지금에 이르기까지 전해져 내려오는 노래가 있다. 이것을 가구라(神
> 楽), 사이바라(催馬楽), 후조쿠(風俗)라고 한다. 가구라는 아마테라스오미카
> 미가 바위 굴에 숨었을 때 그 문을 밀어서 열었던 시대에서 시작되었고, 사
> 이바라는 각 지방에서 공물을 상납하던 백성들이 입으로 읊조리던 노래에
> 서 시작되었다. ……사이바라는 공사를 막론하고 아름다운 음악연주회의
> 가야금 소리, 비파 줄 소리, 피리 소리가 연주되면서 일본의 음률이 되어갔
> 다. 모든 노래는 천지를 움직이고, 성난 신을 어루만지며, 나라를 다스리고
> 백성을 풍요롭게 하는 수단으로 생각하였다.

앞 장에서도 언급한 바위 굴에 틀어박혀 있던 아마테라스오미카미를 밖

---

4) 헤이안 시대 말기 가요집.

으로 나오게 했다는 것을 인용하여 노래의 신화적인 기원이 명확하게 의식되고 있다. 동시에 '천지를 움직이고, 성난 신을 어루만지고, 나라를 다스리고, 백성을 풍요롭게 하는 수단'이라는, 단순히 청각적인 쾌락을 추구하는 행위에 머무르지 않는 노래의 종교적·사회적 효용도 기술되어 있다.

여기에는 가무에 종사하는 의미로서 '놀이'의 용례가 보인다. 『료진히쇼』 구전집의 '놀이'와의 관계에서 종교적인 목소리에 대해 언급하고 있는 곳을 몇 군데 찾아보자.

> 음악 연주회와 가구라(神楽)는 똑같은 것이다. 가구라는 신들이 살았던 시대의 풍습을 본받아서 일본의 축제로 만든 것이다. ……다양한 가구라와 사토 가구라와 같은 재능 있는 사람들이 모여서 신의 마음을 위로하는 노래를 하였다. ……가구라의 시작에 나오는 '아치메 오케'라는 단어는 '신의 말'이다.

'가미아소비(神遊)',[5] 이것은 이미 설명한 것과 같이 신들과 서로 소통하기 위한 행위인데, 여기에서는 '신의 마음을 위로하는 노래'가 들리고 '신의 말'이 나타난다고 한다. 실제로 가구라우타(神楽歌)[6]를 보면 '아치메노와자(阿知女法)'[7]라고 하여 '아치메오오오오(あちめぉぉぉぉ)', '오케(おけ)'라는 말을 박자에 맞춰 노래하는 것으로 알려져 있다. '아치메노와자'가 신을 불러오는 주술이라는 점을 감안하면 이것은 소리를 내는 것 자체에 의미가 있는 주술적인 것으로 생각해야 할 것이다. 그리고 여기서 주목하고 싶은 것은 이러한 종교적 기능이 춤보다도 노래를 둘러싸고 많이 이야기되는 부분

---

5) 신 앞에서 춤과 노래를 피로하는 것.
6) 신에게 제사 지낼 때 연주하는 일본 고유의 무악.
7) 신사나 궁에서 부르던 가구라 노래의 하나로 신의 강림을 기뻐하며 신성한 분위기를 만들려는 일종의 주문과 같은 노래.

이마요(今様)

이다. 특히 유녀들이 노래하는 이마요(今様)[8]에서는 수많은 영험이 노래되었다.

신사에서 이마요를 노래하여 영험을 받은 적이 몇 번이나 있었다. ……마음을 다해서 신사와 사원을 참배하여 노래를 불러 영험을 받으면 원하던 것이 이루어지지 않았던 적이 없었다. 관직을 바라고, 목숨을 연명하고, 병을 순식간에 낫게 하였다. ……목에 종양이 생겨서 이제 어찌할 도리가 없다고 의사도 포기한 병자가 우즈마사 지방에 은둔하며 잡념을 모두 버리고 이마요 노래를 부르니 바로 종양이 나았고, 또한 앞이 안 보이는 장님이 신사에 칩거하여 백여 일 동안 노래를 불러 눈이 떠졌다고 한다.

의사도 포기한 병이 낫고 장님이 눈을 뜬다. 이마요를 노래하면 극락왕생할 수 있다는 '이마요 왕생담'도 널리 유포되어 있었다. 그중 하나 '도네구

---

8) 당시의 유행가.

로(とねぐろ)'라는 유녀의 사례를 들어 보자.

간자키에 사는 도네구로는 남자와 함께 쓰쿠시에 가는 도중에 해적을 만나 많은 상처를 입어 죽음이 다가오자, 우리는 무엇 때문에 나이를 먹었을까? 생각해보면 매우 슬픈 일들뿐이었다. 지금은 단지 서방 극락정토의 아미타 보살님에게 기원할 뿐이다. 이렇듯 몇 번이나 되뇌며 노래하다 목숨이 다했다. 이때 서방에서 음악 소리가 들리며 불가사의한 구름이 겹겹이 만들어졌다고 한다. 진정한 마음이 스며 있는 노래솜씨였기에 이마요 노래를 부르고 극락왕생을 이루었다고 한다.

『짓킨쇼(十訓抄)』[9]

남자와 함께 쓰쿠시(筑紫)로 내려가던 유녀가 해적을 만나 상처를 입어 빈사 직전에 이마요 노래를 불러 왕생했다. 이와 같은 내용의 일화는 수없이 남아 있으며, 영험담이 이렇게까지 명쾌하게 전승되는 현상을 춤에서는 발견할 수 없다. 무녀에게 가장 중요한 영적 능력은 신탁이고, 이것에 음률이 더해지면서 노래가 발생했다고 한다. 노래의 종교적인 힘과 더불어 유녀가 항상 노래와 함께 이야기되는 것은 중요한 관계가 있을 것이다. 게다가 춤과 노래의 관계가 서로 독립된 것이 아니었다는 점에 주목할 필요가 있다.

춤은 목소리로 나오지 않는 것이기에 감흥이 없다. ……오장육부에서 목소리를 내서 사지를 움직이는 사람의 몸이 바로 춤의 기본이다.

---

9) 가마쿠라 중기의 설화집. 3권으로 구성.

이른바 '오장육부'의 오장, 즉 신체 안쪽에서 목소리를 낼 때 온몸이 움직이고 그것이 춤의 시작이다. "춤은 목소리를 근본으로 한다"는 제목이 붙은 제아미(世阿弥)[10]의 예술론인 『하나카가미(花鏡)』[11]의 한 구절이다. 이것은 딱히 제아미 한 사람의 예술 철학에 머무르는 것은 아니다. 노(能)라는 예술 행위가 무릇 1인칭의 신탁에서 시작되어 신탁을 받는 사람이 무대에 등장하는 것에 의해 행위가 발생한 것이라는 견해가 이미 혼다 야스지(本田安次)에 의해 분명하게 밝혀져 있다(「노의 발생—무녀 춤에서 노로」). 두 사람의 주장에서 주목해야 할 점은 춤보다 이야기가 선행되었다는 것이다. 세계의 음악사를 연구한 쿠르트 삭스(Curt Sachseh)도 다음과 같이 서술하고 있다.

'노래를 부른다'는 것은 실로 우리 몸의 활동 그 자체이며, 또한 오히려 우리들의 모든 것이라고도 말할 수 있다. 그것은 위장에서 머리에 이르기까지 대부분의 근육 활동이 필요하며, 나아가 미개인의 경우에는 손과 팔까지 이용한다. 원주민은 손을 움직이지 못하도록 고정해 버리면 노래를 부르지 못하게 되는 경우가 많다. 노래를 부르는 것은 팔의 운동과 대단히 밀접한 관계가 있으며, 고대 이집트인은 '손으로 논다'는 뜻의 기호로 '노래 부르다'라는 의미를 표현했다.

『음악의 기원』(미나가와 타쓰오〔皆川達夫〕외 역)

여기에서도 '논다'는 표현이 등장하고 있는 것이 주목된다. 노래가 신체적인 행위와 불가분의 관계이며, 게다가 전자가 후자의 원동력이 된다는 점이 중요하다. 이것은 종교적인 작용이 노래를 중심으로 설명되는 것과 관계

---

10) 생애가 알려 있지만 미상이다. 무로마치 시대 초기의 노(能)를 대성하고 많은 글을 남겼다.
11) 1424년 제아미가 집성한 노 이론서.

가 있다.

우파니샤드(Upanishad) 철학에서 우주의 비인격적 최고 원리로 보는 베다(Veda)의 브라만은 원래 '노래' 또는 '노래로 부르는 문구'를 의미하며, 그리스에서도 이후에 여러 가지 예술의 수호신이 된 세 명의 뮤즈 중 두 사람은 '궁리'와 '기억', 그리고 나머지 한 사람은 '노래'였다고 한다. 옛날에는 춤추는 사람과 목소리가 좋은 사람을 중요하게 생각했다고 하는 『가쇼로쿠(画証録)』[12]의 증언은 가무가 본래 상호의존 관계였던 것을 잘 전해주고 있다. 그리고 신과 접촉하는 기술로써 쿠르트 삭스가 논한 것처럼 목소리가 온몸의 힘이 필요한 비일상적 발성이었다는 것을 생각하면 춤 → 노래의 순서(오리쿠치 시노부)가 아니라 오히려 노래 → 춤으로 생각하는 편이 좋을지도 모른다.

니체도 『비극의 탄생』(아키야마 히데오(秋山英生) 역)에서 "디오니소스적 흥분에 빠진 모든 군중의 상징인 그리스 비극의 합창단은 ……본래의 『행위』보다 오래되고 한층 근원적(강조점 원문)"이고, "기원적으로 비극은 『합창』일 뿐이며, 『드라마』가 아니었다"라고 말하고 있다. 그는 반드시 엄밀한 실증적 논의를 전개하고 있었던 것은 아니지만, 이 지적은 앞에서 말한 노에서 목소리의 선행과 중복된다. 여기에서 니체가 말하는 '디오니소스적 흥분'은 신들과의 일체감에 취한 축제와 같은 도취이며, '놀이'의 흥분이라고 바꾸어 말해도 좋으며, 가가이의 열광과 질적으로 같다고 할 수 있다. 그리고 가가이는 명칭처럼 남녀가 서로를 부르는 '노래'이다.

---

12) 유녀의 풍속 등을 기록한 근세 시대 서적.

혼을 맞이하는 것이 '기원'이고, 이것이 차츰 분화되어 남녀 간으로 한정된 것이 '사랑'이라고 생각한다. 우타가키의 형식으로서의 영혼 소환의 노래가 '연가'이며, 동시에 소몬가(相聞歌)이다.

오리쿠치 시노부 「일본문학의 발생」

오리쿠치 시노부가 명쾌하게 설명한 대로 디오니소스적 흥분이 가득한 가가이에서의 노래는 남녀가 서로의 영혼을 부르는 동시에 신성한 것과의 교감을 확보하는 것이었다. 아니 가가이에서의 교합이 신이 지켜보는 교합이었던 이상 남녀의 사랑은 신들과의 교합, 성혼의 패러디이며 이때 이미 남자는 여자에게 혹은 여자는 남자에게 그 자체로 신이었던 것일지도 모른다. 헤로도토스의 기록에 있는 바빌론인의 교합이 '뮤리타[13]'의 이름 아래에서' 한 쌍의 남녀를 신성한 차원으로 다가가게 했던 것처럼 말이다.

이렇게 노래가 원래 오늘날 말하는 '예술적 감동'을 위해 불린 것이 아니며, 또한 노래가 '성스러운 성'과도 인연이 있었던 것을 생각하면 유녀들이 우선 가희로서 등장하는 사실이 그녀들이 성스러운 놀이를 즐기는 여성이라는 분명한 증거라고 결론지을 수 있을 것이다.

그러한 모습은 이윽고 유녀가 보살로 변하는 전승 속에 더욱 아름답고 선명하게 등장하게 된다.

---

13) 이슈타르의 별칭.

3. 유녀보살-노래하는 무녀

하리마 지방 쇼샤야마(書写山) 산의 스님 쇼쿠(性空, 910~1007)[14]는 일생에 한 번이라도 어떻게든 살아 있는 보현보살을 만나고 싶다고 밤낮으로 기원했다. 진심으로 기도하는 쇼쿠에게 내려주신 부처님의 기적은 어떠한 것이었을까?

> 새벽녘 선잠이 든 사이에 천동(天童)에게 가탁하여 말하기를 무로 지역의 유녀들이 주인을 숭앙하고 있으며, 그분이야말로 진정한 보현보살이라고 말한 뒤 사라졌다.

유녀들의 주인이 보현보살이라니? 스님은 이해할 수 없는 마음에 사로잡히면서도 그 가르침에 따라 무로 지방으로 서둘러 내려간다. 승려의 모습으로 유녀를 찾아가면 사정이 안 좋을까 하여 하얀 옷으로 몸을 감싸고 방문한 쇼쿠 일행에게 유녀 주인은 술을 권하고 춤을 추기 시작한다. 노랫소리가 울려 퍼진다. "스오우 지방 미타리시 연못 주변에 바람이 소리 내며……" 같은 자리에 있던 유녀들은 같은 목소리로 이에 화답한다. "잔물결이 일면서 야레코사쓰……" 이변은 이때 일어났다.

> 그렇다면 이것이야말로 살아 있는 보살이라는 생각이 들어 눈을 감고 마음을 가라앉히며 염불을 올리고 있으니, 단엄하고 유화한 살아 있는 보살님이 하얀 코끼리를 타고 오시며 "만물의 본성이 드러나고 번뇌와 욕망이 사라진 넓은 바다에서 보현보살은 늘 함께하는 달처럼 그 빛을 쾌청하게 비추고 있

---

14) 헤이안 시대 중기 천태종 승려이다.

다"라는 노래는 부르고 있었다. 다시 눈을 뜨고 이를 보고 있으려니 유녀들의 주인이었다. 노래하는 목소리도 잔물결이 이는 것 같았다. 다시 눈을 감고 마음을 불법 세계에 놓고 있으려니 그 주인이 다시 살아 있는 보현보살이셨다.

눈을 뜨면 눈 앞에 무녀들의 주인, 그러나 눈을 감으면 눈꺼풀 속에 흰 코끼리를 탄 보현보살의 모습이 선명하게 보인다. 이러한 영험에 스님은 "감동의 눈물을 억누르기 힘들어서…… 눈물을 흘리고 또 흘리며 돌아가셨다"라고 불교설화집 『센주쇼(撰集抄)』는 전하고 있다.

같은 중세의 설화집 『고지단(古事談)』[15]과 『짓킨쇼(十訓抄)』[16]에도 간자키

『짓킨쇼(十訓抄)』

지방의 비슷한 유녀이야기를 싣고 있으며 세부적으로 다른 부분이 보이지만 유녀가 보현보살로 변하는 이야기는 널리 유포되어 있었다. 이러한 불교설화를 배경으로 무겐노(夢幻能)의 명작 『에구치(江口)』가 탄생했다. 우리는 유녀가 보살로 변하는 그 모습을 지금도 노 무대에서 눈으로 접할 수 있다.

유녀가 보살로 변하는 것은 언뜻 보기에 얼토당토않은 조합으로 여겨

---

15) 가마쿠라(鎌倉) 시대의 설화집(1212~1215년). 전6권. 미나모토 아키카네(源顯兼) 편찬.
16) 가마쿠라 중기의 설화집(1252년). 전3권.

지지만 이 변모의 과정이 이마요[17])와 관련되어 있다.

> 만물의 본성이 드러나고 번뇌와 욕망이 사라진 큰 바다에서 보현보살은 항
> 상 숭배하는 달처럼 그 빛을 쾌청하게 비추고 있다.

이마요는 이렇게 노래한다. 아마도 이것은 불교설화의 내용대로 문구가
바뀌었다는 뜻이 아니라 목소리가 그처럼 들려서 성스러운 감명을 주는 것
이었다고 해석해야 할 것이다.

여기에서는 불교에서 말하는 죄업 가운데 특히 유녀 같은 존재가 죄업
이 깊다는 너무나도 교의적인 해석을 하고 싶지 않다. 『짓킨쇼』에서는 "그
주인은 풍류를 즐기는 여자인데 누가 이 여자를 부처의 화신이라고 생각할
까? 부처님과 보살의 슬픈 염원이 중생구제의 방편으로 그 모습을 다르게
드러낸다. 부처님의 도리는 미천함이 따르지 않는다는 것을 이러한 전례를
통해 마음에 새겨야 한다"라고 설명하고 있다. 그러나 우리는 이러한 사족
과 같은 훈계에 이끌려 설화의 밑바닥에 깔린 종교 세계의 옛 단층을 잊어
서는 안 된다. 『짓킨쇼』에서는 유녀가 보현보살로 변할 때 부르는 노래에는
성스러운 힘이 있다는 것을 명확하게 기술하고 있다.

> 이때 유녀의 주인이 갑자기 보현보살의 모습으로 나타나 여섯 개의 상아를
> 가진 흰 코끼리를 타고 미간에서 빛을 발하며 도속귀천남녀를 비추었다. 그

---

17) 헤이안 중기부터 가마쿠라 시대에 걸쳐서 유행한 노래. 주로 7·5조(調), 4구(句)
로 구성되는 새로운 형식의 가요(歌謠), 와산(和讚)이나 가라쿠(雅楽)의 영향을 받았
다. 그 전의 가구라우타(神楽歌)나 사이바라(催馬楽)와 같은 풍속가(風俗歌)와 대비되
는 노래.

리고 미묘한 음성으로 "실상 무루의 큰 바다에 오진(五塵)[18] 육욕(六欲)의 바람은 불지 않지만 수록(隨綠) 진리(眞如)의 물결이 일지 않는 때가 없다네"라고 말씀하셨다.

오묘한 노랫소리에 의해 보현보살로 변신한 유녀. 『사라시나닛키(更級日記)』[19]의 어린 필자를 매료시킨 유녀들의 노랫소리처럼 그 목소리는 하늘로 청명하게 울려 퍼져 나갔을 것이다. 일기 속 유녀들도 머리가 길며(긴 머리카락은 종종 영적 능력의 상징으로 그려지고 있었다), 많은 사람이 두려움에 떨며 지나가는 어두운 산속을 유녀 일행이 아랑곳하지 않는 모습에서 무녀적인 성격이 농후하게 감돌고 있으며, 불교설화 속에서 유녀는 아름다운 목소리로 노래하는 무녀로서 성스러운 존재로 비약한 것이다. 이마요의 신비로운 힘을 인정한 원시적·축제적 종교 세계에 살던 사람들의 심성을 배경으로 유녀(=보현보살)설화는 태어났다. 이러한 중세의 종교 세계를 보다 깊이 파고 들어가기 위해 유녀가 노래한 이마요를 단서로 당시 성스러운 세계의 실상을 찾아보도록 하자.

4. 정토의 놀이 — 종교 세계의 옛 단층

유녀들의 입으로 수많은 영험을 노래한 이마요의 내용을 이후 시라카와 법왕(白河法皇)이 편찬한 『료진히쇼 (梁塵秘抄)』[20]에서 살펴볼 수 있다.

---

18) 번뇌를 일으켜서 사람의 마음을 먼지와 같이 더럽히는 것을 가리킨다. 색(色), 소리(声), 향(香), 맛(味), 감촉(触)을 가리킨다.
19) 1060년 경 스가와라노다카스에노무스메(菅原孝標女)가 쓴 헤이안 중기의 일기. 전1권.
20) 헤이안 시대 말기에 만들어진 가요집(歌謠集)으로 이마요를 모아 놓은 것이다. 편자는 고시라카와 법왕(後白河法皇)이다.

이 '구전집'은 이마요의 성스러운 힘에 대해 설명하고 있으며, 노래의 문구 그 자체도 호몬카(法文歌), 가미우타(神歌)처럼 종교적 성격이 농후한 것이 많다. 이들 작품에는 사람들이 상상한 성스러운 세계인 정토의 이미지가 선명하게 드러나고 있다.

> 극락정토의 궁전은 유리(瑠璃)로 만든 기와를 파랗게 이고, 진주같이 흘러내리는 물방울을 나란히 만들어 마노(瑪瑙)로 만들어진 문을 열어서

파랗게 빛나는 유리 기와, 진주, 마노의 광채—이야말로 현란한 시각적 환상이 아닐까? 똑같은 광경은 다음 노래에도 이어지고 있다.

> 보탑에서 나왔을 때 저 멀리 아득한 유리의 땅에서 마노의 문을 연다. 분신 불에 모인 사람들은 여러 부처의 모습으로 제각각 마음의 나래를 편다. 석가의 불법 속에는 잘 알지 못하는 다양한 사람들이 있다. 땅에서 솟아나는 보살들은 모두 금빛이 되었다

금빛을 발하며 땅속에서 솟아 나온 보살들. 시각적 감동에 머무르지 않고 향기로운 향기가 이에 더해진다.

> 석가의 설법을 들려주는 곳에 액막이 깃발과 기누가사 양산이 바람에 펄럭이고, 다마라발(多摩羅跋) 향기가 가득 찬 수미산 꼭대기 희견성(喜見城)에 꽃이 비 오듯 내린다

꽃들이 쏟아지듯 내리는 가운데 이루 말할 수 없이 좋은 향기. 어딘가에서 음악 연주소리도 들려온다.

향산에 사는 긴나라(緊那羅)가 연주하는 유리로 만든 가야금 소리에는 부처
님 제자인 마하가섭(摩訶迦葉)과 승려들이 입은 삼의(三衣)의 옷소매를 따라
초목도 사방으로 흔들리고 있구나.

향산에 사는 긴나라가 부처님 앞에서 유리 가야금을 연주하자 아름다운
음색에 승려들이 입은 옷은 경쾌하게 춤추기 시작하고 초목마저도 이에 답
해 사방으로 흔들렸다.

시각, 후각, 청각 등 당시 사람들에게 성스러운 세계의 체험은 오감에 호
소하는 미적인 도취임이 틀림없었다. 아름다운 것과 성스러운 것에서 밀려
오는 황홀감과 카타르시스는 아직 분화되어 있지 않았다. 이러한 아름다움
을 오늘날의 감각으로 받아들여서는 안 된다. 료진히쇼의 노래에 보이는 것
처럼 강렬한 체험이 될 수 있는 호화스러움과 현란함이며, 이후에 등장하는
요시와라(吉原) 지역 오이란(花魁)의 호사스러운 장식으로 이어지는 볼륨감
과 위압감이다. 오늘날 우리들의 눈으로 보면 기괴하게 보일지도 모르는 지
나친 장식도 과거의 감수성에서는 아름다움이며 힘이었다.

당시 사람들에게 호화스러움과 장려함 자체가 특히 중요한 것이었다. ……
아름다움과 호사스러운 장식을 나누는 경계가 분명하지 않았던 것이다.
요한 하위징아 『중세의 가을』

윗글은 바다를 사이에 둔 유럽의 중세 이야기이지만 일본의 중세에도
완전히 들어맞는다. 하위징아는 당시 종교 세계를 논하며 '심미적인 지각이
끊임없이 종교사상을 조금씩 갉아 먹어 가는 위험'에 대해서 이야기했다.
여기에서 그가 말하려고 했던 것도 오감의 도취가 교의의 내용을 능가하는

『가스가곤겐켄키(春日権現験記)』

성스러운 황홀감을 주는 가능성이다.

『가스가곤겐켄키(春日権現験記)』[21]는 종교적인 감수성을 강렬하게 이야기하고 있다. 제17권에는 가스가묘진(春日明神)이 당나라에 가려는 묘에(明恵) 스님을 만류하려고 다치바나 궁녀로 빙의하여 신탁을 내리는 신기한 영험이 그려지고 있다. 다치바나 궁녀는 회임한 몸이었음에도 불구하고 "높은 곳에 오른다면 천정(天井)까지 올라야 한다"며 천정에 올라가 버렸다. 그리고 그곳에서 '유연 미묘한 소리'로 신의 말씀을 전한다. '기러기 깃털이 떨어지는 것 같이 전혀 소리도 내지 않고' 천정에서 내려왔다. 게다가 그녀의 몸에서 풍기던 '이상한 향기'는 더욱더 향기로워졌다.

그 향기는 침향이나 사향 같은 종류의 향기가 아니라, 짙고 깊은 향기로 모두 인간이 만든 향이 아니었다. 모든 사람이 감동과 희열을 참을 수 없었다.

---

21) 가마쿠라 시대의 대표적인 에마키모노(絵巻物). 전20권으로 가스가 신사(春日大社)의 창건 유래와 관련된 내용을 그린 것이다.

그 손발을 핥으니 달콤함이 감로와 같았다. 사람들 중 며칠 동안 입안을 다 친 사람이 있었다고 한다. 핥으니 곧바로 병이 나았다고 한다.

'이상한 향기'의 체험. 그 감동과 희열을 참지 못하고 사람들은 다치바나 궁녀의 손발을 앞다투어 핥았다고 한다. 입에 닿는 달콤한 감촉은 통증도 치유한다. 그림책에는 천정에 앉은 다치바나 궁녀의 생생한 모습, 그리고 그녀의 손발을 혀를 내밀어 핥는 사람. 시각적, 후각적으로 강렬한 인상을 주는 신의 현시. 이처럼 대단하고 비일상적인 장면에서 사람들은 성스러운 것의 현장감을 통렬하게 느끼고, 그것을 더욱더 확실한 것으로 만들기 위해 핥는다는 촉각적 수단에 호소한 것이다.

마이산(魔𣖵山)에 자란다고 하는 우두향(午頭)과 백단향(栴檀)을 가지고 싶다. 손으로 잡아 몸에 대면서 그 향을 맡으면 생사의 죄업이 풀어질 것이다.

손에 들고 몸에 대어 향기를 맡아 성스러운 존재를 실감하고 싶다. 그렇게 하면 윤회의 죄도 사라질 것이다. 사람들은 문자 그대로 몸으로, 즉 오감을 동원해서 신과의 일체화를 갈망한 것이다.

결국 성스러운 존재에 대한 감각은 몸의 모든 감각기관을 통해 받아들여진다.

석가가 설법을 풀기 시작하자 백호(白毫)의 빛은 달과 같고 만다라화(曼陀羅曼殊)가 대지로 내려온다. 그리고 대지조차도 여섯 길조가 나타나며 움직였다.

석가의 설법에 의해 대지마저도 뒤흔들린다. 장대한 감각은 신체감각

전체가 근본에서부터 요동치며 종교적 감동을 표출한다. 게다가 유명한 스님 도묘(道命)가 독경하는 "음성은 미묘하여 독경할 때에는 듣는 사람 모두에게 불심을 불러일으킨다(『고지단(古事談)』)[22]"라는 증언이 있는 것처럼 감동은 설법의 내용이 아니라 목소리 자체가 불러일으키고 있다.

이와 같은 체험을 기독교 세계에서도 발견할 수 있다. 구약성서 시대에 『이사야서』에서 말하는 신의 현시 모습을 보면 다음과 같이 적혀 있다.

> 성스럽도다, 성스럽도다 만군의 여호와. 그의 영광은 온 땅에 미치고 그 부르는 사람의 목소리에 의해 문지방의 토대가 흔들리고, 집안은 연기로 자욱하게 되었다

예수를 칭송하는 목소리가 문지방의 토대마저 뒤흔든다. 마치 석가의 설법에 의해 '대지도 여섯 길조가 나타나며 움직였다'는 것과 같은 감동이다. 아마도 『료진히쇼』 중에서도 가장 유명한 다음의 노래가 떠오를 것이다.

> 놀고 싶어서 태어난 것일까? 장난을 치고 싶어 태어났을까? 놀고 있는 아이들의 목소리를 들으면 이 내 몸조차 흔들린다.

여기에서 말하는 '몸조차 흔들린다'는 체험의 본질은 성스러운 존재의 현장감과 다름없었다. 또 '목소리를 들으면'이라는 구절에 주목하고 싶다. 앞의 『료진히쇼』에 나온 석가의 설법과 『이사야서』의 신의 시현에서도 온몸이 요동치는 체험은 목소리에 의해 만들어졌다. 여기에 노래하는 무녀로서의 유녀 모습이 엿보인다. 노래의 성스러운 힘이 수많은 이마요 영험담의

---

22) 전6권으로 이루어진 가마쿠라(鎌倉) 시대의 설화집.

결실인 것을 생각하면 "에구치의 유녀들이 이마요를 노래하는 목소리가 각별하다"라고 회자되는 유녀들은 다름 아닌 성스러운 힘의 행사자가 될 수 있었다. '들었을 때 정취 있게 불경을 읽는 것은 다카사코의 묘센보, 에구치 강가의 다노야케기미, 요도 지역에는 오기미 지로기미'를 보아도 그녀들이 도묘 스님의 독경에 필적할 목소리를 가진 사람들이었음을 알 수 있다. 아이의 놀이와 관련된 노래가 유녀로부터의 감회라는 것은 선행 학자들 모두가 지적하는 부분이지만, 몸짓과 종교적 감명을 주는 깊은 목소리에 이를 담당하는 유녀의 모습이 엿보인다.

인상적인 첫 부분 "놀고 싶어서……"도 오늘날 일상적으로 말하는 놀이를 뛰어넘은 성스러운 차원을 내포하고 있는 것을 알 수 있다. 형이상학적인 교의는 민중들에게는 난해할 뿐일 것이다. 오히려 아름다운 목소리와 몸짓이 불러오는 카타르시스가 사람들에게 성스러운 세계의 감각을 불러일으킨다. 나카무라 이쿠오(中村生雄)도 이 노래를 소재로 하여 "놀이(아소비)의 원래 의미는 어디까지나 신체를 통하여 영혼으로 작용하는 것(「오도리넨부쓰[23]의 심신론(踊り念仏の身心論)」)"이라고 논했지만, 수행승의 활약과 오도리넨부쓰의 유행을 지탱한 신성한 놀이의 시공이 이 노래의 배경으로 널리 알려져 있다.

료진히쇼의 노래에서도 성스러운 공간의 이미지가 '놀이'라는 표현을 빌려 풍부하게 전개되고 있다.

---

23) 헤이안 시대 승려 구야(空也)가 시작한 염불로, 징이나 바리때 호리병박을 두드리며 찬불가나 가락을 붙인 염불을 부르면서 춤을 추며 걸어다녔다.

바다에는 만겁을 사는 거북이가 놀며
봉래산을 이고 있네
선인 선동은 학을 타고
태자를 맞이하며 놀아본다면

만겁의 세월을 지낸 거북이산
아래는 샘물이 깊어서
이끼 낀 바위 위에 소나무가 자라고
그 나뭇가지에서 학이 놀고 있구나

　　사람들은 이상향에서의 '놀이'에 대한 환상을 마음으로 그리는 것만이
아니라 그것을 스스로 거행하는 것으로 손안에 정토를 쥐려고 하였다.

사가노의 주연에는
가마우지잡이배 뗏목 사공에 단풍이 흘러가고
산자락을 울리는 쟁금 소리는
극락정토의 놀이와 다르지 않다

　　눈에 보이고 손에 닿는 정토세계. 그중에서도 선명하게 사람들의 눈앞
에 '정토의 놀이'를 펼쳐주는 사람은 그야말로 노는 여자—유녀 외에는 없
었을 것이다.

5. 신 앞에서 노래하고 춤추는[24] 여자

서로 말할 수조차 없으니까 불가사의하구나
달빛 비치는 개울물
유녀가 노래하는 뱃놀이 노래
달빛에 엿보이는 불가사의여

에구치의 유녀를 주인공으로 하는 주옥같은 무겐노『에구치』의 한 구절
이다. 여러 지역을 돌아다니던 승려가 에구치 마을을 지날 때 한 여자가 나
타나 자신은 그 옛날 사이교(西行)와 노래를 주고받았던 에구치 유녀의 유령
이라고 자신의 이름을 밝힌다. 승려의 눈앞에는 옛 에구치의 유녀들이 하던
뱃놀이가 나타난다.

노래해라 노래해
정처도 없는 애처로운 옛사랑을
지금도 유녀의 뱃놀이
세상을 살아가는 한 구절을 노래하며
자, 놀아봅시다

술에 취한 승려. 그 마음은 실로 극락정토의 놀이와 다르지 않다. 이렇
듯 '극락정토의 놀이' 그 자체를 유녀가 담당하는 것을 노에서도 발견할 수
있다.

---

24) 가미아소비(神遊び), 신전에서 춤추고 노래하는 것.

무릇 이것은 반슈(播州)[25] 무로 나루 묘진에서 신을 섬기는 사람이로다. 이 신사에는 유녀 무로기미(室君) 축제라는 의식이 있었다.

「무로기미(室君)」

하리마노쿠니(현재의 효고 현) 지방의 가모 신사의 유래에 의하면 가모묘진 신이 무로노쓰 고을에 부임할 때 유녀를 데리고 갔기 때문에 마쓰리 축제에는 유녀를 공봉하게 되었다고 한다. 오키나와에도 유녀 즈리가 제례에 참가한 예처럼 무로노쓰의 가모묘진에도 '무로기미 마쓰리'라고 불리는 축제가 존재하고 있다. 이것은 유녀들을 배에 태우고 장단을 맞추어 신 앞에 나가는 신전행사를 말한다.

무로 나루의 바다
파도도 평온한 봄밤
달빛 비추는 배에 노를 끼우고
안개 낀 하늘은 감흥을 일으킨다

신관에게 안내를 받으며 배를 타고 유녀들이 등장한다. 에구치 강에서 흔들흔들 뱃놀이하는 모습은 이상향으로의 환상으로 이어진다.

매화꽃 향기
이소야마 산 멀리 향기 나는 밤은
나가는 배도 마음을 끌리게 하는
꽃은 밧줄이 되었구나

---

25) 하리마(播磨)노쿠니 다른 명칭.

주위에 맴도는 향기로운 방향. 이 시점에서는 아직 '매화 향기'라는 현실적 향기이지만 주인공인 여신의 등장과 함께 '색다른 향기'의 서곡과도 잘 어울린다. 매화꽃은 색다른 향기를 풍기며 흩날려 정토의 이미지를 화려하게 꾸며 준다.

마지막에 유녀가 가구라 춤을 춘다. 『료진히쇼』의 구전집에 "가미아소비와 가구라는 같은 것이다"라고 기술되어 있다. 신과 통하는 '놀이'를 업으로 '노는 여자(遊ぶ女)'가 거행한 것은 놀랄 만한 일은 아니다.

물론 요쿄쿠(謠曲)[26]는 가모신사의 신제가 아니어도 종교적 성격이 짙은 가구라 춤을 출 때(『산린〔三輪〕』, 『마키기누〔卷絹〕』 등의 가구라는 무녀들이 춘다) 미즈고로모(水衣) 의상을 입어 무녀적인 성격을 강조한다. 춤과 정토의 환상이 만나는 것은 민중이 불교를 '묘진히쇼'에서처럼 오감을 뒤흔드는 도취에 대한 희구 수준에서 수용했고 그렇기 때문에 위화감 없이 받아들인 것을 의미하고 있다. 『무로기미』의 주연인 '이다이케(韋提希) 왕비'는 융합의 상징이라고도 말할 수 있다.

> 달그림자가 깊어가면서 바람이 잦아드니 이상하게도 색다른 향기를 풍기며
> 빛을 누그러트리는 듯한 본지수적 이다이케 왕비의 모습을 드러내셨다

유녀들의 가무에 인도되어 마지막에 등장하는 여신은 인도 마가다 국왕 바라샤라의 부인으로 무로노쓰의 가모묘진의 본체이다. 춤 추는 그녀의 자태는 다음과 같이 그려지고 있다.

---

26) 노(能楽)의 가사에 가락을 붙여서 부름.

옥으로 만든 비녀, 라사의 옷소매, 바람에 흐르며 떠 있는 상서로운 구름을 타네. 그곳은 무로 나루터의 바다라네. 산은 올라가 상구보리의 기회를 권하고, 바다는 내려가서 사화중생을 나타내 오탁의 물은 실상무루의 큰 바다가 되어 꽃이 떨어지고, 색다른 향기를 풍기며 서로 진심으로 마음에 새기며 감동의 눈물로 소매를 적시면 빨리도 밝아오는 봄날 밤 빨리도 새벽녘 구름을 타고 허공으로 올라가셨다.

꽃이 떨어져 내리며 향기로운 방향이 감도는 곳을 구름을 타고 눈부시게 아름다운 옷을 나부끼며 허공으로 올라가는 여신. 이 결말은 『에구치』의 마지막 악곡을 떠올리게 한다.

이제 그만 돌아가려고 보현보살의 모습으로 나타난 배는 이번에는 하얀 코끼리가 되어 빛과 함께 새하얀 구름에 올라타서 서쪽 하늘로 간다. 참으로 감사하게 생각한다. 감사하게 생각할 뿐이다.

보현보살이 되어 허공으로 사라져가는 유녀의 아름다운 잔영에는 설화집에 보이는 노래하는 무녀로서 유녀의 모습과 동시에 가미아소비를 하는 여자의 모습도 투영되어 있다.
　『유녀의 역사(遊女の歷史)』를 쓴 다키가와 마사지로(瀧川政次郞)는 무로기미의 신제가 유녀들이 많이 사는 고장의 풍습과 기부자의 대다수를 차지하는 그녀들을 극진히 대접한 결

「유녀 초상」

과에 지나지 않는다고 주장했다. 그러나 그녀들이 거행하던 '가미아소비'는 결코 그가 말한 어트랙션에 머무는 것은 아니다. '놀이'가 차지하고 있는 본래의 문화사적 의미로 돌아갈 때 성스러운 여자, 가미아소비의 여자로서 유녀의 모습이 선명하게 되살아난다. 설화나 요쿄쿠가 말하는 유녀(= 보현보살의 전승설화)는 시적인 결실임이 틀림없지만 '유녀=속된 것'과 '신제=신성한 것'이라는 대립은 어디까지나 현대적인 도식에 지나지 않는 것이다.

6. 타계로의 전생

유녀(=보현) 전승 속에는 또 다른 후대 유녀문학의 원형이 되는 요소가 숨겨져 있다. 소원대로 살아 있는 보현보살을 만나게 된 쇼쿠 스님은 기적을 눈앞에서 보고 감격의 눈물에 목멘 채 돌아가려고 한다. 그러나 그곳에 유녀의 수장이 따라와서 "지금 일어난 일은 아무에게도 말하지 말아 주세요"라고 부탁한다.

> 그리고 갑자기 숨을 거둔다. 색다른 향기가 하늘에 가득 차서 매우 향기로웠다. 유녀의 주인이 죽어 연회의 흥도 깨지고 모두들 슬프게 운다. 스님은 더욱 큰 슬픔에 빠져서 돌아갔다고 한다.

놀랍게도 당사자인 유녀가 갑자기 숨을 거두어 버리고 만다. 전혀 예상하지 못하던 일이기에 스님의 슬픔은 더욱 배가된다. 요쿄쿠에서는 이 비극적 결말은 표면적으로 말소되어 있다. 앞서 인용한 마지막 악곡 부분을 다시 읽어보면 본 이야기를 바탕으로 요쿄쿠만의 시적 세계로 이미지가 승화되고 있는 것을 알 수 있다.

'배는 하얀 코끼리가 되어'라는 행은 새로이 더해진 발상이다. 설화에서 보현보살이 타고 다니던 코끼리를 배의 변용으로 비유하고 있다. 유녀는 "나룻배를 세우고 만나 파도 위 하룻밤", "왜 이 배를 누구 배라고 말하시죠? 그 옛날 에구치노 기미가 놀던 달빛 밤배를 떠올려 보세요", "아련한 옛 그리움, 유녀의 뱃놀이"라고 말한다. 이 마지막 부분은 시각적인 변용으로 내용을 대단히 효과적으로 연출하고 있다. '하얀 코끼리', '하얀 천', '하얀 구름'과 같이 다른 음정으로 연달아 말하는 하얀 이미지는 흰색이라기보다는 후광과 같은 숭고한 빛의 인상을 주며 광채에 둘러싸여 서쪽 하늘로 올라가는 유녀의 모습을 화려하고 장엄하게 그리고 있다. 그리고 관객은 자신도 모르는 사이에 "감사하게 생각할 뿐이다"라는 마지막의 시구를 같이 노래하게 된다.

남겨진 여운은 너무나도 밝고 상쾌하여 유녀의 죽음에 대한 비탄은 티끌만큼도 없는 것처럼 보인다. 그러나 주의 깊게 다시 읽어보자. "서쪽 하늘로 날아간다"라는 문장은 극락왕생이 아닌가? 서방정토로 떠나는 것, 즉 죽음을 의미하는 것이 아닐까? 다만 죽음은 결코 비극으로 받아들여야만 하는 것은 아닐 것이다. 왜냐하면 실은 죽음이야말로 빛나는 결말의 원점이기 때문이다.

수장의 죽음은 확실히 모두의 눈물을 자아내려는 부분으로 구성되어 있다. 그렇지만 "색다른 향기가 하늘에 가득 차서 매우 향기로웠다"는 성스러운 것에 대한 전형적인 수사이며 긍정적인 묘사이다. 앞서 인용한 가미사카의 유녀 도네쿠로의 이마요 왕생에서도 "그 때 서방에 음악 소리 들리고 기이한 구름이 층층이 떠 있었다"라고 밝게 묘사되어 있다. 죽음은 오늘날 우리가 감각으로 받아들이는 절망이 아니라 피안을 향한 비약이며 극락으로의 환생으로 환영받았다. 그러한 증거로 스스로 죽음을 선택하는 종교적 자살도 적긴 하지만 행해졌다.

> 어떤 산속에 스님이 있었다. 불심이 깊어서 덧없는 속세에 마음을 두지 않고 서둘러 극락왕생하고 싶어 했다. 물에 빠져 죽으려고 결심하고 동행에게 말해 배를 준비하여 호수 가운데로 노를 저어 나갔다.

『샤세키슈(沙石集)』[27]에 전해지는 설화 중 하나인 '입수하는 스님'이다. 이것은 종교적 자살의 전형적인 예이다. 스님이 죽은 새벽에는 음악 소리가 들려오고, 파도 위에 보라색 구름이 둥실둥실 나타났다"라고 거룩한 광경이 눈 앞에 펼쳐진다.

기독교나 이슬람교와는 달리 불교에서는 이러한 종교적 자살이 반드시 부정되지만은 않고 유행에 가까운 현상이기도 했다. 이러한 현상을 승려와 비구니의 자살을 금지하는 『료노기게(令義解)』[28]의 제1조에서 엿볼 수 있다.

성스러운 존재로 다시 태어나려고 타계의 사람이 되어 버리는 것, 즉 죽음으로 완성한다. 이것은 불교 세계에 한정되지 않고 고대종교에서 적지 않게 보여지는 현상으로 신의 부인이 되는 여성이 산 제물로 바쳐지는 민속의 례는 그 대표적인 예이다.

가무의 보살이자 성스러운 여자 유녀는 최종적으로 죽음으로서 완전히 현세와 멀어진다. 죽음으로 완벽하게 '성스러운 자'로 변신하는 타계로의 전생이었다.

---

27) 전10권으로 이루어진 가마쿠라(鎌倉) 시대의 불교설화집.
28) 요료령(養老令, 757년의 법령)에 대한 주석서.

『에구치』는 무겐노의 특권, 즉 저승과 이승을 꿈속에서 연결하여 유녀가 죽었다고 하는 노골적인 표현을 피하면서도 그녀를 극락왕생시키는 훌륭한 문학적 결정체이다. 이는 동시에 '죽어 타계로 전생하는 유녀'라고 하는 모티브의 원점이 되어 후대로 이어진다.

Ⅲ 이즈미 시키부(和泉式部) 이야기

－호색과 노래의 덕

1. 이즈미 시키부와 도묘 스님

앞장에서 예를 든 유녀(=보현) 전승에서는 유녀의 성스러운 성에 대한 측면은 그다지 표면화되어 있지 않았다. 실제로 유녀들의 성에 대해서 상세히 서술한 자료는 적어서 겨우 『신사루가쿠키(新猿楽記)』에 다음과 같은 기술이 남아 있을 뿐이다.

> 애초부터 음란으로 총애를 받고, 남을 마음대로 다룰 수 있는 기교가 있다. 그리고 모든 악기를 다룰 줄 알며, 힘차고 생동감 있는 행동 등 어느 하나 갖추지 않은 것이 없다.

유녀들은 중국의 오래된 의학서 『의심방(医心房)』의 「방내」에 기술된 방중술에 뛰어났다고 알려져 있다. 그러나 원래 『의심방』이 "남녀가 같이 성교하는 것은 바야흐로 천지가 같이 이루어지는 것과 같다"는 신들의 신혼과 관계있는 성교 철학을 기록하고 있는 것을 감안하면 이 작은 증언에도 많은 것이 함축되어 있다. 그리고 안타깝게도 현재 유녀가 가지고 있는 성의 실태를 정확하게 전해주는 자료는 없으나, 역시 전승설화에서 유녀의 성스러운 성의 모습을 발견할 수 있다. 오토기조시(御伽草紙)[1]를 통해 유녀의 성스러운 성의 모습을 읽어 보도록 하자.

> 이치조 상왕 시대에 꽃처럼 화려한 수도에서 이즈미 시키부라고 불리는 우아한 유녀가 있었다.

오토기조시 『이즈미시키부』는 이렇게 시작된다. 그녀는 말할 필요도 없이 오노노 고마치(小野小町)[2]와 어깨를 나란히 한 여류 가인의 쌍벽이며 일기를 남기고 죽은 뒤에도 설화의 여주인공같이 다양한 모습으로 등장한다. 유명한 사람들이 언제나 그런 것처럼 그녀는 역사적 사실로서의 실체를 넘어 이러한 설화군 중에서 '이즈미 시키부적인 것'을 형성해 간다. 문제는 왜 그녀가 '유녀'로 간주되는가이다. 사람들은 '이즈미 시키부' 안에서 무엇을 보려 했는가 ? 그것은 사람들이 '유녀' 안에서 무엇을 보고 있었는가를 동시에 이야기해 주는 것이다.

이즈미 시키부라고 하면 정열적이고 자유분방한 애정의 표출이 그녀 노래의 특징이다. 그녀가 수많은 남자와 염문설이 퍼졌던 것은 이미 널리 알려져 있었다. 그중에서도 인상적인 에피소드가 남아있다.

> 대감님께서 어떤 사람이 부채를 가지고 있는 모습을 보시고 '그 부채가 누구 것이냐'고 물어보셔서 바로 아무개라고 대답하자, 이를 잡고 유녀의 부채라고 적었는데 그 옆 부분에

---

1) 무로마치(室町) 시대부터 에도(江戸) 초기에 걸쳐 만들어진 아녀자와 노인을 위한 단편소설의 총칭.
2) 헤이안 시대 전기의 여류 가인.

산 넘었는지도 넘지 않았는지도 모르지요
오사카(逢坂)의 관문지기가 아니면 너무 책망하지 마세요

어떤 사람이 지니고 있던 부채가 이즈미 시키부의 것이라고 알게 된 후 지와라노 미치나가(藤原道長)가 그 위에 '유녀의 부채'라고 적어 두었다. 남에게 지기 싫어하는 이즈미 시키부는 바로 그 옆에서 노래를 만든다. "당신이 남녀의 만남을 가로막는 관문지기나 파수꾼도 아닌데 남녀의 만남을 책망하지 마세요." 자신을 유녀라고 부른 것에 분개하고 있는 것 같으면서도 어딘가 즐기고 있는 기색도 엿보이는 시키부의 반응은 '바람기 많은 여자'의 진면목이 그대로 보이는 부분이다. 실제 이즈미 시키부의 다채로운 연애 때문에 살아 있을 때부터 그녀를 유녀 같은 여성으로 보는 발상이 만들어졌다. 유녀는 직업 특성상 많은 남성과 관계를 가지기 때문에 이러한 연상 과정은 오늘날의 감각으로도 이해하기 쉬울 것이다. 그녀가 죽고 나서도 노래가 남아 결국 그녀를 '바람기 많은 여자'의 대명사로 바꾸어 가게 된 것이다. 오토기조시는 이러한 인물상을 기준으로 역시 호색한 여성으로 '이즈미 시키부'를 조형하였다.

이야기 속 시키부는 본 적도 없고 알지도 못하는 귤장수에게 마음을 주게 된다. 남자가 남기고 간 사랑의 노래를 들은 그녀는

얕은 마음에 안타까워 곰곰이 생각하다가…… 무심코 던지는 말 하나까지도 사랑이 담겨 있구나. 허무하게 썩어가는 이 몸. 항상 와카의 뜻을 잊지 않으면서 다른 사람과 사랑을 나누고 싶다.

하지만 시키부는 다른 남자의 품으로 발길을 옮긴다. 무심코 던지는 말

하나하나까지 정을 담고 싶다. 다른 사람에게 그 누구와 비교할 수 없는 많은 애정을 주고 싶다……. 그녀는 항상 이러한 마음이었다. 진정 이즈미 시키부가 '유녀'에 어울리는 인간상이 아닌가?

흥미롭게도 이즈미 시키부에게 말을 붙인 귤장수의 정체는 도묘 스님(道命阿闍梨)[3]이다. 그도 그녀와 마찬가지 바람기 많은 사람이었다.

> 법사는 다른 이에 비할 수 없을 정도로 학문에 뜻이 깊었다. 그의 이름은 소야마 산 구석까지 알려져 있었다. 그리고 그의 호색도 유명하였다.

학문에 대한 뜻이 깊고 높은 명성을 획득하고 있었던 스님 도묘의 바람기도 대단하였다. 도묘는 오토기조시에 국한되지 않고 호색한 승려로 설화에 자주 등장하고 있다. 『우지슈이모노가타리(宇治拾遺物語)』에 "옛날 아이와 호색에 빠져 있었던 도묘아자리 스님이 있었다. 그는 이즈미 시키부의 거처에 드나들고 있었다"라고 적혀 있고, 『고지단』에도 "비견할 수 없이 호색한 사람"이라고 기술되어 있다. 그러면서도 그를 파계승이라고는 말하지 않는다. 앞장에서 소개한 것처럼 독경을 듣는 사람 모두가 불심을 발할 정도로 신묘한 목소리로 불경을 읊는 그는 승려로서도 적지 않은 명성을 거두고 있었다. 『우지슈이모노가타리』에도 "불경을 거룩하게 낭송했다고 한" 승려라고 전한다. 감명 받은 것은 사람만이 아니다. 신들까지도 그의 독경을 들으러 온다고 한다.

> 범천왕 제석천을 비롯한 수많은 신이 도묘가 청아하게 독경을 읽는 것을 들으셨다.

---

3) 헤이안(平安) 시대 중기의 승려.

그중에서도 유난히 도묘 스님과 인연이 깊은 신으로 등장하는 것이 도소신(道祖神)이다. 이 신은 도묘를 방문해서 "나는 고조니시노도인 주변에 사는 할아버지입니다"라고 자신을 소개하고 "불경을 오늘 밤 듣게 된 것은 제 일평생에 걸쳐서 결코 잊지 못할 일입니다"라고 깊은 감동을 표명한다. 『우지슈이모노가타리』에서는 소제목이 "도묘 스님이 이즈미 시키부의 거처에서 독경하여 고조니시노도인이 청취한 일"로 되어 있으며, 『고지단』에서는 소제목이 "도묘 스님의 독경을 도소신이 청취하신 일"로 되어 있어서 모두 도묘와 도소신과의 만남을 주제로 하고 있음을 알 수 있다.

그런데 도소신이 어떠한 신인가 하면 모습은 성기와 남녀가 서로 뒤섞여 있고, 마을의 경계에 악령과 역병으로부터 마을을 지키는 신으로 제1장에서 논했던 성의 성스러운 힘을 구현하는 신이다.

도묘 스님 전승은 도소신과 함께 이야기되는데, 성의 신과 재야액의 신에 대한 신앙을 나타내고 있다(오시마 다테히코[大島建彦] 「도소신 신앙과 설화」). 오토기조시에서도 '호색도 떼려야 뗄 수 없는' 것은 미덕의 하나라는 식으로 이야기되고 있듯이 도묘 스님의 호색은 승려라는 신분과 모순되는 것이 아니라 오히려 그의 신성함을 보장하는 것이었다.

이와 더불어 도소신은 유녀들이 숭앙하는 신이기도 하였다. 근대에 이르기까지 남근상을 모시는 풍습을 가지고 있었던 유녀들은 가령 그것이 장사의 번영이라는 성격으로 변형되어 갔다고는 하더라도 소박한 성 신앙의 흔적을 가장 오래 계승해 온 사람들이라고 할 수 있다.

그러고 보면 유녀인 이즈미 시키부와 도묘 스님의 조합은 결코 우연의 산물이라고는 할 수 없다. 두 사람은 모두 바람기가 많다는 이유 때문에 신성한 성의 신을 상징하고 있다.

이즈미 시키부와 관련된 전승설화에는 성 신앙의 그림자가 농후하다. 『샤세키슈(沙石集)』[4]의 「애교의 축제(愛敬の祭り)」에는 남자의 마음을 되돌리기 위해 음부를 두드리며 점을 치는 성적 주술이 기록되어 있다. 이야기 안에서는 오히려 이즈미 시키부가 부끄러워하며 성행위를 할 용기를 못 내자 숨어서 보고 있던 애인 야스마사(保昌)가 그녀 곁으로 돌아갔다고 한다. 이렇듯 성 신앙의 단면이 이즈미 시키부의 주변에서 이야기되고 있었던 점은 변함이 없다. 게다가 이즈미 시키부가 부모의 공양을 위하여 천 명의 남성과 관계를 맺었다는 전승설화도 존재한다. 여기에 기요미즈 관음(清水観音)의 리쇼(利生)[5]를 이야기하면서 호색과 신앙심의 관계가 보다 명확하게 제시되고 있다. 또한 『오토기조시와 민간문예』에서 이러한 전승을 소개한 오시마 다테히코(大島建彦)도 이즈미 시키부의 전승이 떠돌이 유녀의 전승과 같다고 추정하고 있다.

도센도 리후(東川堂里風), 『유녀입자도(遊女立姿図)』, 에도 시대, 18세기, 도쿄국립박물관 소장본.

---

4) 가마쿠라 중기(1283년)에 성립된 불교설화집.
5) 부처나 보살이 중생에게 이익을 주는 것.

이즈미 시키부의 호색이 하나의 이유가 되어 그녀의 주변에 종교적 성과 관련된 전승이 형성되어 갔다. 그리고 역시 호색한이자 파트너인 도묘 스님과 전승 세계에서 일체화되어 성교 신을 상징하는 동지로서 이상적인 관계를 맺게 되는 것이다. '원래부터 바람기 많은' 이즈미 시키부와 도묘 스님은 "그날 밤 원앙 장지문 아래에서 비익의 인연을 맺는다." 두 사람의 교합은 서로 성의 충만함을 담당하는 존재로서 여신 이슈타르와 도소신의 교합으로 혼동되는 이상적이고 성스러운 결혼의 양상을 드러내고 있다. 두 사람이 함께함으로써 남녀 쌍체의 모습으로 조각되는 도소신의 양성구유의 자웅동체를 그대로 구현하게 되는 것이다.

그렇다면 다음과 같은 이야기가 남아있다. 오토기조시에서 두 사람의 육체관계를 행복한 결말로 막을 내리지는 않는다. 사실은 두 사람이 부모 자식의 관계였다고 다음 날 아침에 판명된다. "이것은 도대체 어찌 된 일인가? 부모 자식을 모르고 만나는 것도 이와 같은 덧없는 속세에 살고 있기 때문이다"라고 경악한 시키부는 세상을 비관하고 출가해 버린다.

그렇다면 두 사람이 모자였다는 것은 정말로 비극이었던 것일까? 표면적인 현상에 현혹되어 전승의 진상을 잊어서는 안 된다. 원래 두 사람이 실제로 부모 자식 관계였을 리가 없으므로 이 배경에는 무언가 특별한 요인이 작용하고 있을 것이다.

문화인류학자인 이시다 에이이치로(石田英一郎)는 아시아 각지의 전설을 비교해 민족 시조에 관한 전설이 모자상간의 형태를 취하는 것을 밝히고 있다(『모모타로의 어머니(桃太郎の母)』). 또한, 심리학자인 노이만(Neumann)도 근친상간은 영웅만이 도달할 수 있는 '히에로스가모스/성스러운 결혼'으로서 "우로보로스/근친상간은 어머니와 일체화하는 하나의 형태이며…… 쾌락의 바다와 사랑에 의한 죽음으로 소멸하는 것이다(하야시 미치요시[林道義] 『의식의 기원사』)"라고 설명하고 있다.

모자상간은 전승 세계에서 성스러운 성혼임이 틀림없다. 그렇다고 한다면 도묘와 시키부가 모자라는 허구도 그들의 관계가 신성한 성격이라는 것을 보증하는 것이라고 할 수 있다. 시키부가 비구니로 출가하는 구절은 근친상간을 악으로 간주하는 후대의 정신세계가 표층에 덮인 것으로 생각된다.

이즈미 시키부의 이름을 빌려 유녀의 성스러운 성의 모습은 전승설화 속에서 숨 쉬고 있다. 실제로 이즈미 시키부가 유녀가 아니었다고 해도 신성한 성을 담당하였던 무명 유녀들의 모습이 여기에는 아른거리고 있다.

2. 소토오리히메 전승설화─미모의 여류 가인

현실에서 유녀가 아니었지만 오토기조시에서 유녀로 그려진 또 다른 한 여인이 있다. 바로 이즈미 시키부와 어깨를 나란히 하는 여류 가인 오노노 고마치(小野小町)[6]이다. 그녀 역시 역사적 사실을 초월하여 방문한 장소와 묻힌 장소가 전승 세계에 '오노노 고마치 같은 것'을 성숙시켜 나갔다. 그러면 오토기조시 『고마치조시(小町草紙)』를 통해 유녀 오노노 고마치의 성격을 밝혀나가 보자.

세이와 왕조 때 궁중에 고마치라고 불리는 풍류를 좋아하는 호색한 유녀가 있었다. 고마치는 와카를 부르는 재능이 뛰어났다. 그 옛날 소토오리히메

---

6) 헤이안(平安) 시대 전기의 여류 가인(女流歌人).

(衣通姫)의 대를 이어받고, 관음보살의 화신이라고 불리며 그 뛰어난 외모는 이부인이나 소토오리히메와 다르지 않았다.

'오노노 고마치적'이라는 특징은 첫째는 호색, 둘째는 와카의 귀재, 셋째는 용모였다. 그녀는 확실히 유녀라고 적혀 있다. 그뿐만이 아니라 "소토오리히메의 대를 이어받고, 관음보살의 화신이라고 불려서"라는 표현은 그대로 "구시라(俱尸羅)가 다시 태어난 것이며 소토오리히메의 후신이다(『유조기〔遊女記〕』)"라는 이야기와 통한다. 여기서 고마치와 유녀의 이미지를 연결하는 소토오리히메의 성격을 반드시 검토해 보아야 한다.

『니혼쇼키』에서 말하길,

오토히메의 외모는 뛰어나서 달리 비견할 사람이 없었다. 그녀의 농염함이 옷을 뚫고 밝게 빛났다. 이것을 보고 당시 사람들은 이름을 붙여서 소토오시노이라쓰메라고 불렀다.

아름다움이 옷을 통과할 정도 빛나는 매혹적인 절세미녀. 이 노래는 『고킨슈(古今集)』[7] 가나서에 인용되어 오토히메가 여류 가인의 개척자적인 존재로 간주되고 있다. "소토오리히메와 같은 인생을 한탄하고, 와카 작품들이 사라져가는 것을 비탄한다. 그녀는 다마쓰시마의 묘진에게 지금까지 와카를 배운다(『소시아라이고마치〔草子洗小町〕』)." 이렇게 소토오리히메 또한 아름다운 외모와 와카의 재능으로 특징지어진다.

한편 유녀도 와카의 재능으로 이름을 남겼다. 유녀 시로메(白女)가 노래

---

7) 헤이안 시대 전기의 칙선 와카집 『고킨와카슈(古今和歌集)』.

를 읊어 많은 선물을 받은 일화가 『야마토모노가타리(大和物語)』[8]와 『오카가미(大鏡)』[9]에 남아 있다.

> 우다 천황이 가와지리에 행차하셨다고 한다. 유녀 중에 시로라고 하는 여인
> 이 있었는데 들어와서 시중을 들게 하였다. 공경, 당상관, 왕자들이 많이 참
> 석하고 있었기 때문에 아래쪽 먼 곳에서 시중을 들게 되었다. "이렇게 먼 곳
> 에서 시중을 드는 마음을 노래로 만들어 불러보아라"라고 말씀하셔서 즉시
> 와카를 만들어서 헌상하였다.

> '바다 물떼새 날아가는 한계가 있기 때문에
> 구름이 피어나는 산을 어렴풋이 봅니다"

> 천황은 노래에 매우 감탄하면서 상을 하사하셨다.
>
> 『야마토모노가타리』

이와 비슷한 이야기는 『고콘초몬주』와 『짓쿤쇼』에도 남아 있어서 와카를 잘 짓는 유녀의 모습이 사람들에게 깊은 인상을 남겼다는 것을 알 수 있다. 이렇게 와카의 재능으로 이어진 소토오리히메와 유녀의 인연이 양자를 동일시하는 이야기를 만들게 된다.

번외 요쿄쿠 『와카후키아게(和哥吹上)』. 와카의 묘진 신이 모셔진 다마즈시마로 참배를 하러 간 행려승은 그곳에서 정체를 알 수 없는 여성과 만난다. 누구냐고 묻자 '유녀'라고 대답한다. 그녀는 승려와 옛 와카에 관한 이야

---

8) 헤이안 시대 중기의 우타모노가타리(歌物語). 작자 미상.
9) 헤이안 시대 후기의 레키시모노가타리(歷史物語). 3권, 6권, 8권으로 구성되어 있으며
   작자 미상.

기를 나누지만 이름도 밝히지 않은 채 "다시 와주세요'라고 말하는 유녀의 노 젓는 노래. 햇불 그림자를 따라서 흘러가는 낡은 나룻배도 더 이상 끝자락이 보이지 않게 되었다네. 흔적도 보이지 않게 되었네"라고 하면서 사라져버렸다. 야심한 밤에 다시 눈앞에 모습을 드러낸 그녀를 보고 "이제까지 눈으로 본 적이 없는 신의 모습이로구나"라고 의아해하는 행려승에게 그녀는 처음으로 자신의 정체를 밝힌다.

> 부끄럽게도 신이라고 하기에는 바위 틈에 뿌리 내린 소나무처럼 말을 주고 받는 유녀의 모습. 지금 갑자기 나타났구나. 달빛도 때마침 청량한 밤에 그 림자는 옷을 차갑게 지나치고 그 모습 드러내는 신 소토오리히메는 바로 저 입니다.

여기에서 유녀(=소토오리히메)의 신격화는 당연히 와카의 신이라는 전통적 인물상을 기준으로 한 것이다.

> 매우 송구스럽게 칙령에 따라 왕후의 시녀로 들어갔다. 소토오리히메라는 이름을 남기며 또한 바닷가에 흔적을 남기며 와카는 똑바로 다른 나라에서 전해져서 신들의 시대를 바라는 물거품조차도 잔잔한 감동을 전했다.

와카의 재능뿐 아니라 화장을 가장 잘하는 중세 여인(구게 쓰카사(久下司) 『화장』)이었던 유녀는 '선녀 같다'고 형용될 만한 아름다움을 갖추고 있어서 소토오리히메와 비견될 정도였다. 이 점에 관해서 훗날 'ㅇㅇ고마치'라는 표현까지 만든 오노노 고마치는 전혀 나무랄 데가 없다. 결론적으로 와카와 여성미라는 공통적인 요소가 전승되어 '소토오리히메=고마치=유녀'라는 발상이 만들어진 것이라고 말할 수 있을 것이다.

어째서 두 가지 요소는 왜 함께 이야기되는 것일까? 종래에는 이 문제에 대하여 그다지 연구되지 않았다. 또한 문화사적으로 노래와 아름다움이 병치되는 이유를 묻지 않을 수 없다. 여기에 유녀·오노노 고마치의 또 하나의 공통된 성격 '호색'이 중요한 열쇠가 된다.

보는 것, 듣는 것, 그리워하는 것.
쓰쿠바미네 산 주위에는 소문이 무성하네.

오노노 고마치는 빼어난 아름다운 때문에 수많은 남성의 마음을 사로잡았다. 그 결과 '고마치와 관계한 남성은 수천 명'이라고 소문이 나게 된다. 한편 눈부시게 빛나는 소토오리히메에게 매료되어 천황은 그녀를 왕후로 삼았다. 천황에게 공주는 비단 얼굴뿐만 아니라 옷으로 감추어지지 않을 정도로 아름답고, 에로스적인 매혹이었다(미우라 스케유키〔三浦佑之〕 「가루노타이시와 가루노오이라쓰메의 전승〔軽太子と軽大郎女の伝承〕」). 유녀라고 하면 당연히 남녀가 관계하는 것을 의식한 아름다움을 말한다. 즉 소토오리히메의 매력도, 고마치의 미모도, 유녀의 아름다움도 모두 감상하는 미에 머무르지 않고 남자의 호색을 불러일으키는 것이다.

호색. 남녀 사이가 성숙하기 위해서는 여성의 미모만으로는 불충분하다. 거기에는 합당한 절차, 즉 와카를 주고받는 행위가 필요하다.

힘을 들이지 않고 천지를 움직이고, 눈에 보이지 않는 귀신도 가련하다고 생각하게 만들며, 남녀 사이조차도 부드럽게 만들고, 용맹한 무사의 마음도 어루만지는 것이 와카이다.

『고킨슈』가나서에서 남녀의 교섭은 노래의 중요한 효용 가운데 하나로 여겨져서 이후의 가론(歌論)에서도 많이 언급되었다. 『신고킨와카슈』의 서장에서도 『고킨슈』가나서를 답습하고 있다. "시키시마의 노래는 신께서도 알아주시는 부부의 마음을 이어주는 와카이다(『히토마루 사이교[人丸西行]』)"라고 남녀를 이어주는 측면만 단적으로 거론되는 경우도 있었다. 실제로 신화나 설화에서는 남녀 관계를 이야기할 때 필수라고 말할 수 있을 정도로 빈번히 와카를 동반하고 있다. 앞 절에서 소개한 『이즈미시키부』에서도 도묘 스님이 자신의 연정을 능수능란하게 와카 사이에 집어넣어 의도한 대로 자신의 목적을 이루고 있다.

도리(東籬), 『유녀와 가무로(遊女禿図)』, 에도 시대, 18세기, 도쿄국립박물관 소장본.

이러한 와카가 중재하는 남녀 이야기 중에서도 가장 기지가 넘치고 유녀가 등장하는 것이 『사루겐지소시(猿源氏草紙)』이다. 신분이 낮은 정어리 장수인 사루겐지는 하필이면 다이묘나 신분 높은 사람만 상대하는 것으로 유명한 유녀 게이카(蛍火)에게 한눈에 반해버린다. 그는 계책을 세워서 다이묘인 것처럼 차리고 감쪽같이 게이카와 관계를 맺는다. 그렇지만 잠꼬대로 정어리를 파는 호객 소리를 내 궁지에 몰린다. 그러나 그는 단념하지 않고

정어리 파는 소리 한 음절 한 음절을 옛 와카로 해석하여 그 뛰어난 재능에
유녀도 그의 아내가 되기로 결심한다.

> 나무아비타불을 모시며 항상 와카의 길을 생각해 왔다. 때문에 당장 눈앞
> 에 닥친 수치를 숨길 수 있을 뿐만 아니라 이룰 수 없는 사랑의 진심도 이루
> 었다. 그리고 사리를 잘 아는 위엄과 인덕이 있기 때문이다. ……부자가 되
> 고 자손이 번영하는 것도 서로에 대한 마음이 깊고, 와카의 수행이 얕지 않
> 기 때문이다. 다시 말하지만 사람마다 반드시 배워야 하는 것이 와카의 길
> 이다.

와카의 덕을 소리 높여 찬양하며 이야기는 끝나고 있다. 실은 오토기조
시 『이즈미시키부』 또한 와카와 관련된 기원담으로 이야기가 끝나고 있다.
자기 자식과 관계를 맺었다는 것을 후회하며 출가한 이즈미 시키부는 다음
과 같이 그려진다.

> 하리마노쿠니 지방 쇼샤 산에 올라가 쇼쿠 승려의 제자가 되어 61살의 나이
> 에 득도하였을 때 쇼샤 산을 수호하는 신사 기둥에 와카를 만들어 다음과 같
> 이 적어두었다.
> "칠흑 같이 어두운 길에서 태어나
> 선명하게 밝혀라. 산 능선에 걸린 달"
> 이 노래를 만든 때부터 와카의 기둥이라고 하는 말은 하리마노쿠니 지방 쇼
> 샤 산에서부터 시작되었다고 전해진다.

유녀(=보현) 전승에 등장하는 승려 쇼쿠가 여기에도 등장하는 것을 보면
이즈미 시키부와 유녀의 전승적 일체화와 동시에 유녀와 와카의 결합도 발
견할 수 있다.

와카로 매우 유명한 사람은 히토마로 아카히토 오노노 고마치 미쓰네 쓰라

유키 미부노 다타미네 헨조 도묘 이즈미 시키부

『료진히쇼』

이처럼 와카는 도묘 스님과 이즈미 시키부를 이어주는 실과 같다. 두 사람은 함께 호색을 와카로 실현하는 능력을 갖추고 있었다.

한편 『사루겐지소시』의 사루겐지도 호색의 대명사인 히카루겐지(光源氏)를 연상시키는 이름으로 도묘와의 공통성을 살필 수 있다. 그의 연인은 "도성 안에 널리 알려진 유녀로 해가 지면 빛나고 반짝이는 여자이기 때문에 게이카(반딧불)라고 이름 지었다"라고 하며 소토오리히메와 같은 여성으로 조형되고 있다. 이렇듯 호색과 와카의 재능 두 가지 요소를 겸비하는 커플이 유녀의 전승으로 결실을 맺고 있다.

여기에서 오노노 고마치의 전승적인 연인이자 '옛 남자'라고 불리는 아리와라노 나리히라(在原業平)[10]의 등장을 기대하지 않을 수 없다. 이 커플을 연결하는 유대는 무엇이냐는 질문에 더 이상 답할 필요도 없을 것이다. 『이세모노가타리(伊勢物語)』[11]에서 나리히라는 수많은 노래를 만들며 수많은 여자와 관계를 맺는다. 여기에서 고마치도 호색을 즐기는 여성으로 등장한다. 나리히라라는 실체적 모습보다 전승적인 성격이 강한 인물이지만 두 사람은 도묘 스님과 이즈미 시키부 커플보다 전승 세계에서 더욱 뿌리 깊은 인기를 유지하고 있는 잘 어울리는 한 쌍으로 그 생명력은 근세까지도 계속되고 있다.

---

10) 헤이안 시대 전기의 가인.
11) 헤이안 시대 전기의 와카로 된 이야기로 사랑과 우정에 관한 이야기를 담고 있다.

겐시치 : 아니, 내가 당신 눈으로 보면 호색한 남자로 보입니까?

노래 : 예, 호색한 남자이고 말고요. 완전히 나리히라잖아요.

겐시치 : 그렇다면 당신 얼굴은 오노노 고마치인가 양귀비인가. 미인이네,
미인.

가부키 『고모치야만바(嫗山姥)』

예를 들면 『고모치야만바』에서는 아름다운 외모에 이끌리는 호색과 그
것을 성립시키는 와카와의 관계가 매우 깊다는 것과 이것들을 겸비한 인물
들이 전승 속에서 이상적인 커플로 그려지고 있었다. 여기에서 그들이 왜
이상적인 커플인지 그 이유를 밝혀보기로 하자.

3. 호색한 신들

『고콘초몬슈(古今著聞集, 1254년)』[12] 제8권 '호색'의 첫머리는 아래와
같다.

이자나기와 이자나미 신 이후 음양화합 혼인의 뜻.

이자나기와 이자나미 신이 오노고로시마 섬에 내려와서 같이 부부가 되었
다. 여신이 먼저 '좋은 남자구나'라고 말하였다. 어떤 책에서는 "할미새가 날
아와서 목과 꼬리를 움직이는 모습을 보고 두 신은 서로 섞일 수 있었다"라
고 전한다. 이때부터 지금까지 혼인은 의미 있는 일이 되었다.

호색의 정의를 과장되게 이자나기와 이자나미의 신혼의 원점에서 찾고

---

12) 가마쿠라 시대 무렵 만들어지고 이후 증보된 700여편의 세속설화집.

있다. 세월은 흘러 유녀와의 교제를 주제로 한 가나조시의 첫머리도 다음과
같이 시작한다.

> 하늘이 열리고 땅이 굳은 다음부터 이자나미와 아자나기는 하늘의 반석에
> 서 남녀의 성교를 시작하여 관계를 지속하였다. 이로 인해 음양의 길이 후
> 대에도 계속 이어지게 되었다.
>
> 『쓰유도노모노가타리(露物語)』

근세에 이르면 향락적인 성을 정당화하는 경향을 띠게 되지만, 사람들
은 현실 속 남녀 교합의 배경에서 신들의 성혼을 발견하며, 이런 연유로 성
적인 교섭을 존중할 수 있었다.

신의 자손인 천황 자신도 이것을 실천하고 있었다. 『고지키』와 『니혼쇼
키』에서 천황은 평소 각지를 순행하며 각 지방의 여성들과 관계를 맺었다.
이것은 성혼을 모방하는 것으로 통치권과 제사권을 획득하는 행위였다. 오
리쿠치 시노부도 호색을 야마토다마시(大和魂)의 발현으로 평가하고, 호색
이 전승 세계에서 성교의 상징이 되었다고 주장했다.

이자나기와 이자나미의 교합에는 호색의 신성함을 다룬 노래를 주고받
고 있다.

> 신의 마음으로 노래점을 친다
> 나무활을 들고 노래한다
> 천지가 개벽한 이래로 음양의 신이 만나
> 하루 동안 손베개를 만드는구나
> 세상에도 없는 신묘한 이야기도다
>
> 『우타우라나이(歌占)』

아직 31글자의 형식을 갖추고 있지는 않지만, 두 신의 이야기에는 와카를 주고받음으로써 맺어졌다는 민간 신앙이 서려 있고, 이를 따르듯 천황도 수많은 여성과 와카를 주고받으며 마음을 나누었다.

여기에는 와카의 신비한 힘에 대한 신앙이 강력한 배경으로 작용하고 있다.

> 와카만큼 사람의 마음을 움직일 수 있는 것은 없다. 와카는 사람의 말들의 나뭇잎으로 만들어졌다. 와카에는 덕이 수없이 많다. 세상에 슬픈 일도 어려운 일도 노래를 부르면 신과 부처님이 말하는 마음이 될 수도 있다. 또한 힘을 들이지 않고 천지를 움직이고, 눈에 보이지 않는 귀신들에게도 가련하게 감동을 주며, 남녀 사이도 부드럽게 하고, 용맹한 무사의 마음조차 위로할 수 있는 것이 와카이다. 오노노 고마치는 와카를 노래하는 데 있어서 매우 뛰어났다.

『고마치소시』에 기록된 대로 와카는 무릇 신탁으로 시작하는 종교적인 힘을 갖추고 있는 것으로 다양한 영험담으로 이루어졌다. 이 점에 대해서는 니시무라 도오루(西村亨)의 『노래와 민속학』에 상세하게 나와 있기 때문에 여기에서 와카 영험담을 하나하나 예시하지는 않지만, 와카의 기적적인 힘을 인정받고 있는 이상 와카에 뛰어난 재능을 가진 사람들이 성스러운 힘을 행사할 수 있는 사람, 아니 성스러운 사람 그 자체로 숭앙되는 것도 충분히 이해할 수 있다.

> 거짓된 꿈 속 세상에서 이즈미 시키부는 수행을 한 결과 극락에서 노래와 춤의 보살이 되었다고 한다.
>
> 『세이간지(誓願寺)』

아와 지역 나루토의 파도를 와카로 진정시킨 영험담도 전해지고 있다. 이윽고 이즈미 시키부는 전승 세계에서 신격화되기에 이르렀다.

> 또한 나리히라는 극락에서 가무 보살의 화신이다. 그가 만든 와카는 모두
> 불신 탈법의 기묘한 글이기에
>
> 『가키쓰바타(杜若)』

남성도 예외가 없었다. 아리와라노 나리히라 또한 가무 보살로 숭앙되어 간다. 동시에 그들은 호색의 성격을 갖춘 신들이기도 하였다. 노래를 제압하는 사람은 남녀 사이도 제압한다.

> 중생제도에 임하고 있는 나를 알고 있는가? 세상 사람들이여, 어둠이 개
> 어 가는 이른 새벽에 널리 빛나는 달이 아니다. …… 본각 진여의 몸을 나누
> 어 음양의 신이라고 불리는 것도 오직 나리히라 한 사람뿐이었다.
>
> 『가키쓰바타』

'가무 보살'이면서 동시에 '음양의 신'이기도 한 나리히라는 와카와 성의 영력을 겸비한 이상적인 '중생을 제도하는' 신이다.

도묘와 이즈미 시키부가 맺어진 것과 같이 나리히라와 고마치도 요쿄쿠 『오무고마치』에서 와카의 신인 다마쓰시마묘 신을 배경으로 남녀 양성을 이루게 된다. 오노노 고마치가 나리히라의 모습으로 바뀌어 나리히라 다마쓰시마에서 부처를 기쁘게 하는 승무'를 추게 된다. 두 사람은 오토기조시 『고마치조시』에서 모두 '여의륜관음보살의 화신'과 '십일면관음보살의 화신'으로 간주되었다.

노래와 호색의 신앙에 근거한 두 사람의 신격화. 와카의 영력과 그것에

인도된 성스러운 성을 함께 지닌 남녀는 일본문화사상 가장 이상적이고 신성한 커플이었다. 이 신성함의 근거는 여자가 '유녀'가 되는 것으로 보다 선명해졌다. 전승의 상징화 작용이 고마치와 이즈미 시키부를 성스러운 여성의 원형으로 승화시킨다. 고명한 여류시인 두 사람을 오토기조시는 유녀로 만들어 멸시하는 것이 아니라 오히려 칭송하고 있다고 말할 수 있다.

야나기타 구니오도 이즈미 시키부와 오노노 고마치의 전승 배후에 유녀의 모습이 있다고 지적하고 있다. 하지만 그는 종교적 성격의 근거를 막연하게 가무에서 구하고 있을 뿐 성스러운 성의 위상은 언급하지 않았다. 여성상만으로는 전승의 심층을 읽을 수 없다. 여기에 같이 언급된 상대 남성의 존재를 이끌어내야 비로소 이즈미 시키부와 고마치 전승의 전모는 모습을 드러낼 것이다.

'이즈미 시키부=유녀', '오노노 고마치=유녀'. 일본문학사상 여류 가인으로 유명한 두 사람의 이름은 문화사 속에 유녀의 노래와 호색을 상징하는 존재로서 전승 세계에 군림한다.

우타가와 구니사다(歌川国貞), 데루테히메(照手姫)
『こし元かほよ』, 연극박물관(演劇博物館) 디지털.

IV 다유 다카오 이야기

—애욕의 여신

1. 다유의 신화

근세가 되면서 유녀 세계에서는 획기적인 사건이 일어난다. 유랑의 몸
으로 강이나 파도 위에서 여러 곳을 떠돌던 유녀들을 일정한 공간에 가두어
두는 장소가 만들어졌다. 바로 유곽의 성립이다. 유곽이란 유녀들을 모아
두고 공적으로 허가를 받아 손님을 받게 만든 곳으로 1589년 도요토미 히데
요시가 교토 니조만리 골목에 설치한 게이조마치가 시작이라고 전해진다.
유명한 요시와라 유곽은 1617년에 공인되었고 교토의 게이조마치도 이전
하여 시마하라 유곽으로 발전하게 된다.

이러한 변화는 유녀문학에 많은 영향을 주게 되었다. 유곽은 새로운 사
회 현상으로서 소재로 자주 사용되어 그곳에 기거하는 유녀가 유녀문학의
주역으로서의 지위를 획득해 간다. 본 장에서는 오토기조시의 뒤를 이어
서 에도 시대 초기에 만들어진 이야기 문학인 가나조시(仮名草子)[1]와 그 뒤
를 잇는 우키요조시(浮世草子)[2]에 그려진 유녀의 모습을 중심으로 이미지

---

1) 에도 시대 가나로 쓴 서민을 상대로 하는 이야기.
2) 에도 시대에 생겨나 전기 근세문학의 주요한 문예형식의 하나. 이하라 사이카쿠의
   고쇼쿠이치다이오토코 이후의 일련의 작품을 말한다. 우키요는 속세를 의미하며 또
   는 호색이나 남녀 관계 등을 의미하기도 한다.

의 변용을 다루어보고자 한다. 먼저 유곽을 최초로 다룬 작품이자 가장 오래된 유녀평판기로서 가치가 있는 가나조시 『쓰유도노모노가타리(露殿物語, 1624~1644)』[3]부터 시작하기로 하자.

주인공은 열대여섯이 되는 미소년이다. 그의 이름은 유가오노 쓰유노스케 또는 쓰유도노라고 불렸다. 생각이 많은 사춘기에 학문을 게을리하면서 꽃을 감상하고 와카를 만드는 나날을 보내고 있었는데, 어느 날 흩어져 떨어지는 꽃을 보고 불심이 일어나 아사쿠사 절에 참배하러 간다. 절에서 돌아오는 길에 갑자기 소나기가 내려 마을 어느 집 처마 밑에서 비를 피하고 있었는데,

> 동쪽에서부터 아지로 손가마를 타고, 가부로 머리 모양의 아이와 하녀를 길
> 잡이로 데리고 큰 소리로 앞길을 정리하며 다가오는 사람이 있었다.

어느 분의 행차인지 궁금해하던 차에 바람이 불어서 손가마의 발이 올라가고 잠시 그대로 내려가지 않고 있었다. 운 좋게도 눈에 들어온 사람을 다음과 같이 표현하고 있다.

> 열여섯, 열일곱 정도로 보이는 아름다운 유녀가 아래에는 하얀 고소데 옷을,
> 위에는 시노부즈리노 고소데 옷을 입고 단풍잎 같은 손에 손가마의 격자를
> 잡고 살며시 엿보고 있는 모습이 더할 나위 없고, 머리에 꽂은 비취 비녀는
> 매혹적이고 가냘파서 버드나무가 바람에 흔들리는 것 같았다. 초승달처럼
> 그린 눈썹은 푸르스름하다. 머릿결은 청대처럼 검푸른 판자에 물을 흘린 것
> 처럼 아름다웠다. 매끄럽게 휘어진 두 눈은 먼 산에 달을 만난 것과 같고 또

---

3) 작자 미상의 가나조시(仮名草子). 에도 시대 초기 유녀평판기로서 유명하다.

한 꾀꼬리가 지저귀는 소리는 이슬을 머금은 사철쭉의 아주 작게 피어난 꽃
보다도 더욱 아름다웠다. 옷소매를 흔드는 모습과 새하얀 눈 위에 홍조 띤
얼굴과 수를 놓은 비단옷 모습이 꽃과 새를 그린 그림도 이에 미치지 못할
것이다.

미녀를 꾸미는 형용사를 총동원할 정도로 아름다운 여성이 가마에 타고
있던 것이다. 너무나 훌륭한 아름다움은 이미 인간이라고는 생각할 수 없는
경지였다. "도대체 선녀가 땅에 내려온 것인가? 이 세상 사람이라고는 생각
할 수 없다"라고 할 정도로 한눈에 마음을 빼앗긴 쓰유도노는 "만약 이 세상
사람이라면 이러한 사람과 인연을 맺는 것이야말로 이 세상을 사는 보람이
라고 할 수 있지 않을까"라며 뒤를 따라갔다. 일행이 들어간 곳은 '요시와라
의 여관'. 여자는 유녀였다.

쓰유도노는 어떻게든 그녀의 정체를 알고 싶어 뚜쟁이를 불러내어 그녀
에 대해 묻기 시작했다. 그러자 뚜쟁이는 다음과 같이 말한다.

유녀 중에서도 이 분으로 말하자면 이목구비나 재능이나 마음이나 어찌 비
견할 사람이 있을까? 사람들에게 총애를 받고 있었기 때문에 주인도 마치
금지옥엽처럼 소중하게 키워서 다유[4]에까지 오르게 되었다. 다유라고 하는
것은 매우 높은 지위이기 때문에 평범한 여성들은 쉽게 오를 수 없지만, 사
람들이 소중하게 대했기 때문에 가능했다.

그녀는 유녀 중에서도 최상의 다유의 위치에 있는 여성이었다.

---

4) 에도 시대 공인된 유녀 중에서 최상위.

옛날 다유는 기예만 능통하다면 모습은 매우 뛰어나지 않더라도 다유로 칭송받을 수 있었지만, 근대의 유곽 세계에서는 기예가 뛰어나더라도 용모가 매우 뛰어나지 않으면 다유로 인정되지 않고, 백명 중에 10명을 가리고 열 명 중에서 한 명을 뽑아서 다유라고 하였다.

『시키도오카가미(色道大鑑)』[5]

다유라는 호칭은 예전에는 기예가 뛰어난 여성을 칭하는 것이었지만, 결과적으로 기예뿐만 아니라 용모도 뛰어난 유녀에게 부여되는 지위로 자리 잡았다. 뚜쟁이가 '매우 높은 지위'라고 설명하는 대로 백 명 중에서 열 명을 고르고, 그중에서 다시 한 명을 선발할 정도로 보기 드물게 재색을 겸비한 여성이었다.

소원이 이루어져서 쓰유도노가 그녀를 만났을 때의 기쁨은 달리 말할 필요도 없다.

뚜쟁이가 쓰유도노의 손을 이끌고 아홉 겹의 장막과 여덟 겹의 가림막이를 지나쳐 그녀의 방에 들어간다. 보고 있자니 거북이 등껍질을 장식하고, 담장에 금으로 만든 꽃을 걸어서 문에는 수정을 장식하고, 임금이 타는 아름다운 수레에 옥빛 의상을 더하고, 꽃 같은 비단 이불이 눈부시게 빛나고 있는 모습은 불교에서 말하는 정토세계와도 같았다. 이 속에서 그녀는 정말 조숙하고 단정하게 차갑지는 않은 모습으로, 키보다 조금 긴 머리카락을 조금 흐트러트린 채로 앉아 있었다. 쓰유도노가 생각하기를 가련한 모습이구나. 그 옛날 양귀비나 이부인도 어찌 이보다 더 뛰어날 수 있을까? 하고 멍하니 바라보고 있었다.

---

5) 유곽(遊里)의 백과사전. 1678년.

뚜쟁이의 손에 이끌린 쓰유도노는 몇 개인지 모를 장막과 휘장을 지나서 드디어 다유에게 이르렀다. 그 방의 모습은 수정 구슬과 금빛 대모갑 장식 등 눈을 빼앗는 호화찬란한 장식품들이 있었다. 그 한가운데에 다유는 구슬을 뿌려놓은 옷을 겹쳐 입고 너무나도 나긋하게 검은 머리카락을 늘어뜨리고 앉아 있었다.

유유자적 사는 거북이 등 장식과 보석의 광채와 같은 중세 사람들의 환상 속 타계였던 정토의 광경이 눈앞에 실현되고 있다. 몇 장씩이나 휘장을 걷고 지나간다는 묘사는 쓰유도노가 현실과 떨어진 타계로 이끌려 가는 것을 상징한다. "정토세계라는 것은 이런 곳인가"라며 쓰유도노는 눈이 휘둥그레졌다.

그곳에 정좌한 유녀는 정말로 아름다운 타계의 여신이었다. 가만히 앉아있는 것만으로도 마음을 빼앗겨 버린다. 그녀가 일어나 움직이는 모습은 더욱 각별하다.

> 오보팔화의 춤을 추며 가릉빈가를 노래하는 모습은 휘날리듯 활짝 핀 사생 벚나무가 저녁에 부는 폭풍에 이끌려 흩날리며 봄을 아쉬워하며 꾀꼬리가 지저귀는 풍경과 그다지 다르지 않았다. 예상우의의 악곡도 이런 것이 아닐는지? 그의 옷소매 안에 들어가고 싶을 정도로 나는 영혼도 잊고 망연자실 넋을 놓고 있었다.

극락세계의 '가릉빈가'를 떠올리게 하는 목소리는 근세에 이르러도 사라지지 않고, 춤추는 모습은 선녀의 춤에 비견되는 예상우의(霓裳羽衣)의 악곡[6]인지 분간할 수 없을 정도이다. 쓰유도노는 선녀의 옷자락 안에 감싸 안

---

6) 양귀비가 무지개 치마와 날개 옷을 입고 당나라 현종 앞에서 춤을 출 때 연주했다는 음악.

긴 듯 정신이 혼미해지며 망연히 극락을 맛볼 뿐이었다.

유녀와의 뱃놀이에 중세 사람들은 정토세계의 환상을 보았다. 눈앞에서 벌어지는 성스러운 세계의 놀이를 하는 유녀들은 관능적·축제적 종교 세계의 여신들이었다. 그것이 유곽이라는 무대장치를 얻고 다유라는 신화적 계급이 성립함에 따라 한층 더 문학 속에 정착해 갔다. 사람들에게 시중받는 다유의 등장은 문학 표현에 있어서 유녀의 신격화를 조장하여 드디어 그곳에서 다유 다카오[7]라는 전설적 존재가 태어났다.

다유 다카오는 대대로 명성을 이으며 가부키를 비롯해 근세문학 속에 왕성하게 등장한다. 여기에서는 비교적 빠른 시기의 작품인 가나조시 『모토노모쿠아미(元のもくあみ)』에 그려진 다유 다카오를 살펴보기로 하자. 다음은 다유의 등장장면이다.

> 난꽃과 사향 향기가 향기롭게 나고 주변을 눈부시게 빛나도록 장식하여 시중드는 소녀와 뚜쟁이를 옆에 두고 다카오노기미는 아게야(揚屋)[8]의 연회장으로 모습을 보이셨다. 거실 기둥에 기대서서 '진귀한 손님이 당신이십니까?' 하고 말씀하신다. 그녀의 목소리는 가릉빈가를 지저귀는 노랫소리처럼 들린다. 눈에 보이지 않지만 봄을 기다리는 꾀꼬리의 첫 노랫소리가 들린다. 오월 비 내리는 한밤중 두견새의 울음소리가 꽃 핀 귤나무에 찾아오는 것과 같았다. 정말 동방 정토세계에 있는 것 같았다. 약사여래가 이 사바세계에 왕림하셔서 우리 같은 촌뜨기와 함께하시는 것처럼 모쿠아미의 마음은 더할 나위 없이 기뻤다.

---

7) 요시와라(吉原)에서 가장 유명한 오이란(花魁)으로, 요시와라 다유(吉野太夫), 유기리 다유(夕霧太夫)와 함께 간에이(寛永) 시대의 삼대 명기(名妓)로 불린다.
8) 에도 시대에 손님이 고급 유녀를 불러서 놀던 가게.

향기로운 향내음이 주변을 감싸고 주위가 밝게 빛나면서 시종과 몸종을 옆에 대동하여 모습을 드러내는 다유 다카오. 후각과 시각 등의 감각을 자극하는 압도적인 그녀의 출현은 신의 '현신'인지 아니면 '후광을 뒤로한 부처님의 등장'[9]인지 의심하게 된다.

이어서 퍼지는 샤미센 연주소리와 고우타 노랫소리. 도코노마에는 고풍스러운 그림이 걸려 있고, 향로에는 향기로운 향이 무려 52종류나 피어올랐다. 향의 이름을 쪽 나열한 다음,

> 바람에 나부끼며 불을 지피자 색다른 향이 퍼지고, 선녀가 하늘에서 내려오는 것이 아니냐는 생각이 들었다. 적광의 수도 기켄조 성(喜見城)[10]의 즐거움도 이런 것이 아닐까?

실로 오감을 취하게 하는 도취의 경지, '부귀영화도 과연 이보다 더할까?'라는 즉석에서 만든 노래 그대로의 세계에 잠긴 후 드디어 잠자리에 든다. 이것은 이미 손님에 있어서 행복이 절정에 이른 부분으로 감정도 더욱 고조된다.

> 일찍 잠자리에 들어 보니 다카오노기미가 모쿠아미의 손을 잡고 도코노마를 지나 밖에 나온 모습은 당나라 현종 황제가 양귀비의 손을 이끌고 나오는 모습과 같았다. 중생 중에서 가장 선한 사람을 노래하고 춤추는 관음보살이 자색 구름을 타고 곡을 연주하면서 연꽃을 내밀면서 이쪽으로, 이쪽으로 오라고 손짓하며 구제하시는 모습과 같다.

---

9) 정토종(浄土教)에서 염불행자(念仏行者)가 죽음을 맞이할 때 극락정토(極楽浄土)로 이끌기 위해서 아미타불이나 보살이 구름을 타고 오는 것을 가리킨다.

10) 수미산(須弥山) 정상 도리천에 있는 제석천의 거처로서 낙원을 의미한다.

유곽 거리를 찍은 그림 엽서

제목처럼 이것은 '도로아미타불 (元の木阿弥)'이라는 속담의 유래를 전하는 이야기이다. 그녀가 등장하고 주인공 모쿠아미는 꿈에서 깨어나 가난한 생활로 다시 돌아간다. 부귀영화가 사실은 환상이고 잠에서 깨어나 보니 '도로아미타불'이었다고 하는 이야기이다. 주인공이 행복해하는 절정의 순간이 유녀와 교합하는 장면으로 설정되고, 그 모습을 중생을 구제하는 보살로 비유한 표현은 성스러운 것을 반대로 사용한 것이다. 이러한 표현은 유녀로써 비유한 해학이라기보다 이상향을 향한 한결같은 동경을 느끼게 한다.

그렇다면 저분이 유녀님인가요?……유녀를 처음으로 보았다. 역시 예사로운 분이 아니다. …… "마님, 마님, 유녀가 왔습니다."

지카마쓰의 『유기리아와노나루토(夕霧阿波鳴渡)』[11] 에서 다유 유기리를 맞이한 시녀의 흥분된 어조를 들으면 유녀가 어딘가 인간과 다른 존재로 받아들여지고 있는 것을 알 수 있다.

여염집 미인을 선녀와 보살이라고 수식하지는 않는다. 유곽을 배경으로 한 유녀 가운데에서도 '톱 레이디'인 다유들은 사람들의(특히 남성들이겠지만) 이상적인 타계를 향한 동경을 불러일으키는 존재였다.

물론 다유 신화의 배경에는 성스러운 성이 숨겨져 있음을 잊어서는 안 된다.

> 그 옛날 에구치의 수장은 보현보살의 화신으로 오가는 사람들과 익숙해져서 불교의 인연을 맺었지만, 화엄경에는 "55인의 기부자 중에 바수밀다녀는 음탕한 여자로 살고 있었다"라고 설법되고 있다.
>
> 『우키요모노가타리(浮世物語)』

에구치의 유녀가 보현보살로 변하는 전승설화는 근세에도 널리 알려져 있었다. 유녀는 중세 전승에서 가무 보살로서의 측면은 바뀌고, 가나조시에서는 호색한 보살이라는 성격이 전면적으로 명확하게 드러난다. 바수밀다녀'는 사람들을 선으로 이끄는 55명의 선도 승려(善知識)[12] 중 한 사람으로 포옹과 입맞춤으로 도를 깨닫게 하는 여성이다. 성을 죄업의 영역으로 구분하기 이전의 원시불교 안에 있는 종교 세계의 옛 단층이 에구치의 전승과 중복되고 있는 것이다.

---

11) 지카마쓰 몬자에몬(近松門左衛門)이 지은 세와모노(世話物)의 조루리(浄瑠璃).1712년 오사카 다케모토좌(大坂竹本座)에서 초연(初演).
12) 불교 용어로 사람들을 부처에게 이끄는 사람들. 특히 덕이 높은 승려를 가리킨다.

여기에서 불교설화에 보이는 성스러운 성의 잔영을 살펴보자. 예를 들어 『니혼료이키(日本靈異記)』[13]에 '스님이 기치조 선녀 목상을 사랑하자 부처님이 이에 감응하여 기이한 현시를 보인' 이야기가 있다. 이즈미지방의 산사에 있던 기치조 선녀 목상을 이 절에서 수행하던 행자[14]가 사랑하여 선녀와 같이 아름다운 여자를 저에게 주소서라고 마음을 담아 기도했더니

> 선녀의 목상과 교합하는 꿈을 꾸었다. 다음 날 잠에서 깨어나 보자 목상의 옷자락에 불결한 것이 물들어 더러워져 있었다. 행자가 이를 보고 부끄럽게 여기며 말하길 "내가 선녀와 비슷한 여인을 원했지만, 어찌 송구하게도 선녀와 교합하게 하셨을까"라고 했다.

선녀처럼 아름다운 여자와 교접하고 싶다고 하는 염원을 선녀 스스로 이루어 주었다. 이 설화는 육체에서 나온 전부를 '불결한 것'으로 간주하는 불교적 발상에 근거하면서도 그것을 뛰어넘은 성스러운 성의 박력을 이야기하고 있다.

> 확실히 알게 되었다. 정성을 다해 믿으면 부처님께서 감응해주시지 않는 것은 없다는 것을. 이는 기이한 일이다. 열반경에서는 "많이 음탕한 사람은 그림 속 여인에게도 음욕을 일으킨다"라고 한다.

교합하고 난 후 열반경을 운운하는 부분은 이후에 만들어진 교훈 같아서 그다지 설득력이 없지만, 이 설화의 중점은 오직 전반부에 있다고 할 수

---

13) 일본에서 가장 오래된 불교설화집.
14) 우바소쿠(優婆塞), 출가하지 않고 불도를 닦는 남자.

있다. 믿음이 깊으면 바람이 이루어진다는 것이다. 너무나 신기한 일이 아닐는지? 기치조 선녀는 하룻밤의 신비스러운 교합을 통하여 성녀 테레사의 황홀과도 비슷한 '성스러운 존재'와의 일체감을 준 것이다.

널리 알려진 신란(親鸞)[15]의 「롯가쿠무소(六角夢想)」도 이에 가까운 이야기를 전한다.

> 행자가 전생의 과업 때문에 만에 하나 여인을 범한다 한다면, 내가 옥과 같은 여인의 몸이 되어 능욕을 당하겠다. 평생 그 행자를 지켜서 임종한 후에도 극락에 다시 태어나도록 인도하겠다.

신란 스님이 롯가쿠당에서 몽상에 잠겨있을 때 구세보살이 '얼굴이 단정하고 엄숙한 스님 형상의 모습으로 시현'하여 "만약 성욕이 일어난다면 내 자신이 능욕을 당해도 일생을 행복하게 하여 극락왕생시켜주겠다"라는 예언을 한다. 여기에서 성욕이 죄업으로 간주되고 있다. 보살이 스스로 범해져 그의 일생을 인도해 극락으로 왕생하게 하겠다고 하는 말 속에는 역시 성스러운 성에 의한 구원이 암시되어 있다고 할 수 있다.

근세로 돌아와 이하라 사이가쿠(井原西鶴, 1642~1693)[16]의 『쇼엔오카가미(諸艶大鑑)』[17]의 종막 "훌륭한 왕생이란 여색의 침소"를 보면 이러한 종교적 감각 양상이 유녀에 빗대어 대략 이야기되는 것을 볼 수 있다.

> 세상을 먼저 떠난 다유들이여! 이번이야말로 여러 보살의 모습을 숨겨 연꽃

---

15) 가마쿠라 시대 초기의 승려.
16) 에도 시대의 우키요조시(浮世草子), 닌교조루리(人形浄瑠璃)의 작자 및 시인(俳人).
17) 우키요조시. 8권, 1684년 간행, 유녀의 생활과 놀이 등을 남자 주인공의 경험담 형식으로 정리한 이야기.

문양의 작은 이불에 담아 올린다. 옥 장식 가야금으로 스가가키 노래를 연주하며 샤미센에 맞추어 나게부시 노래를 부른다. 금 술잔, 은제 간식 그릇, 칠보의 과자 그릇, 청자 향로에 피우는 이름난 향목, 장식용 비녀. 그 모든 것이 유녀의 몸에서 빛을 발하여 피안에 사는 유녀까지 이곳에 나타나…….

금, 은, 청자의 현란한 환상은 중세 이래 정토의 이미지를 그대로 이어받고 있다. 보살로 시현한 다유들이 몸에서 빛을 발하며 임종을 맞이한 사람들을 피안의 길로 이끈다. 유머가 넘치는 말투로 유녀들이 이끌어 주는 성적 이상향에서 그 모든 카타르시스를 손에 넣을 수 있다고 전한다. 이렇듯 '훌륭한 왕생'을 통하여 아름다운 타계로 전생한다는 정토환상과 일체화하는 것을 알 수 있다. 여기에서 성과 죽음이 감성적으로 일치된 가치가 발견된다. 이것은 "하룻밤의 인연으로 백 년의 삶을 바꾸고자 하는 것인데 그 무

사토세(里勢), 『설날 유녀와 가무로(正月遊女と禿図)』, 에도 시대, 도쿄국립박물관 소장본.

엇이 아쉽겠는가"라는 요시와라의 다유를 알현하는 쓰유도노의 결의에서
도 엿보인다. 이슈타르 여신이 집전하는 성스러운 성과 죽음의 세계가 일본
에서는 유녀의 모습을 빌려 모습을 드러낸 것이다.

하위징아는 유럽 중세의 종교 세계에서 감각적 요소의 우위를 해석하며
당시 의상과 분장의 "목적이 순수한 아름다움을 추구하는 점을 확인하는 것
이고 스스로 우위라고 자각시키는" 일이라고 정리한다. 하지만 이로 인해
"고급 예술의 본질을 이루는 균형과 조화는 그 모습을 감추게 된다"고 강조
한 부분은 화려하게 치장한 다유에게도 꼭 들어맞는다. 요란스러운 빗과 머
리 장식으로 머리를 모두 메우고 호화로운 예복을 두른 다유는 그것만으로
도 사람들을 압도했다. 이러한 과장된 치장으로 촉발되는 감각의 흥분은 자
극의 원천과 일체화를 이루어 사람들을 부추기게 된다.

『가스가곤겐켄키(春日権現驗記)』[18]에는 신이 발산하는 색다른 향기에 취
한 사람들이 앞다투어 신이 내린 여성의 몸을 핥았다고 적고 있다. 오감이
신성한 감각으로 압도될 때 사람들은 온몸을 보다 신비적인 감각으로 채우
고 싶어 한다. 오늘날 우리는 오감의 하나하나를 독립시켜 예술적 자극으로
향수하는 경향이 있다. 그렇지만 부분적인 자극이 전면적 체험으로 지향되
는 것은 온나가부키(女歌舞伎)나 와카슈가부키(若衆歌舞伎)의 모습에 명확하
게 나타난다. 즉 성적 결합을 독립적으로 추구하는 것이 아니라, 다양한 정
토적 놀이가 동반된다는 점에서 타계 감각으로서 성의 모습이 있는 것이다.
게다가 성적 황홀감은 종교적 구원의 감각과 쉽게 친숙해지기 때문에 호색
은 말하자면 '에도의 신비주의'라고 말할만한 양상을 보인다.

---

18) 에마키(絵巻. 그림 두루마리). 20권. 가스가신사(春日神社) 창건의 유래와 영험하고 기이
한 5인의 이야기 수록. 1309년에 가스가신사에 봉납됨.

눈에 보이지 않는 귀신조차도 가련하다고 생각하게 하고, 용맹한 무사의 마음도 어루만지는 것이 유녀의 길이다.

『쓰유도노모노가타리』

중세의 노래와 호색은 근세에 이르러 유곽이라는 타계에 군림하는 호색의 보살로 변해 간다. 근세문학 중에서도 유곽 보고서라는 성격이 짙은 샤레본(洒落本)[19]에서는 표현이 사실적일 뿐 문화사적인 상징성은 낮다. 또한 『교가노코무스메도조지(京鹿子娘道成寺)』[20]에 나타난 승려와 유녀의 관계를 보면 금지함으로써 오히려 성을 강하게 의식하게 된다는 해석도 성립한다. 그러나 가나조시나 사이가쿠의 우키요조시가 전하는 유녀상, 특히 다유 신화는 원초적인 성스러운 성을 상징한다.

용모는 단정하고 피부는 그다지 하얗지 않았지만 고상하였다. 몸의 움직임은 얌전하고 마음 씀씀이는 착해서 정을 알았다. 여러 기예 중 어느 하나 빠지는 것이 없었다.

자근자근 말하는 모습은 천박하지 않고…… 어린이의 도발에 넘어가지 않고 위엄을 무겁게 지키고 있다.

게다가 지위가 더해져서…… 거리의 유녀 중에 으뜸이라고 불리게 되어서 보지 못한 사람이나 그 소문을 들은 사람이 동경하니 이야말로 세간이 떠들썩한 일이었다.

---

19) 에도 시대 중기부터 후기에 걸쳐서 유행한 유곽과 관련된 문학.
20) 가부키 무용의 하나. 통칭 '도성사(道成寺)' 또는 '도성사 아가씨(娘道成寺)'.

다유 다카오는 특별히 고귀한 이미지로 그려지고 완전무결한 여신으로 완성되어 사람들에게 동경의 대상이 된다. 유녀들이 사람들에게 덧없는 세상(浮世; 근심이 가득한 세상(憂世))으로부터 일시적으로 해방되는 이상적인 경지에 이르게 해준다는 점에서 『니혼료이키』의 기치조 선녀와 같이 신비스러운 교합을 뭇사람들에게 베푼다는 것이다.

2. 방탕한 자, 그 이름은 '여자'

우키요조시 중에는 기치조 선녀와 다유의 이미지를 겹친 예를 찾아볼 수 있다. 『고쇼쿠하이도쿠산(好色敗毒散)』 중 제2권 「무소구수리(夢想薬)」가 그것이다.

이야기의 주인공인 센타로(千太郎)는 유곽에 다닌 것이 화근이 되어 파산하게 되고 부모에게 의절당하여 갈 곳 없이 여러 지방을 유랑하던 끝에 어떤 폐가가 된 신사에 웅크리고 앉아 선잠을 자고 있었다.

> 보물창고의 여닫이문을 열고 스물여덟 정도로 보이는 여신, 아름다운 머리
> 카락과 초승달 같은 눈썹, 신묘한 향기가 주위에 풍기며, 의상은 금기시되어
> 있는 빨간 수주 공단에 금실을 넣은 옷을 입고 있었다. 값비싼 유녀이기에
> 무수리 창녀는 보이지 않았지만 63돈의 표찰은 틀리지 않았다.

상인에게는 금지되어 있던 호화로운 의상으로 몸을 감싸고 신묘한 향기를 풍기며 등장하는 기치조 선녀의 모습은 황송할 정도로 화대 63돈[21]을 지

---

21) 에도 시대의 은화의 단위.

불할 만한 다유였다. 『니혼료이키』에서처럼 꿈속에 등장한 기치조 선녀가
센타로에게 내린 신탁은 다음과 같다.

> 그대는 어리석게도 여색에 빠져 부모의 마음을 거스르고 금은보화를 잃고
> 가난뱅이가 되었다. 세상을 떠돌며 수행하는 수행승도 아니어서 어쩔 도리
> 가 없다. 부처님은 미워하겠지만 나는 여자이기에 그다지 미천하게 생각하
> 지 않아 잠시 꿈속에서 나오게 되었다. 그대에게 기특한 묘약을 건네주려고
> 한다. 이것을 교토, 오사카, 에도의 번화가 사거리에서 판다면 금방 부자가
> 될 것이다.

그녀는 신세를 망친 센타로에게 관대한 마음을 베풀어 부자가 되는 영
험하고 신통한 묘약을 준다. 참으로 유녀라고 오인하기에 충분한 신이다.

여기에서 주목해야 할 부분은 "나는 여자이기에 그다지 미천하게 생각
하지 않아……"라는 한마디이다. 여기에서는 성적인 가치가 여성에게 되돌
아오고 있다는 중요한 문화사적 사실이 드러나 있다. 문명이 발전함에 따라
사람들은 축제적인 종교 세계에 군림하던 성을 육욕의 죄업으로 멸시했지
만 그 죄를 주로 뒤집어쓴 것은 남자가 아니라 여자였다.

> 약하고 가벼웠던 신의 창조물인 인간은 여러 유혹에 빠지기 쉬웠다. 그들은
> 성욕 때문에 악에 빠진다.
>
> 미슐레 『마녀』

미슐레는 기독교의 이러한 인식이 여성들에게 다양하고 기괴한 방탕이
란 환상을 뒤집어 씌워 마녀로 꾸며낸 경위를 시적으로 이야기하고 있다.
사도 바울도 원죄를 범한 것은 여성이기 때문에 남성은 여성과 접하지 않

는 편이 좋다고 말하고 있으며, 이러한 견해를 표방한 기독교 사상가도 적지 않다. 일찍이 신창(神娼)으로서 성스러운 성의 의례를 담당해온 여성들은 성의 추락과 운명을 같이 해야 했다. 고대 켈트 세계 풍요의 여신도 기독교의 침식과 함께 물의 요정으로 마녀화되어 갔다(나카키 야스오〔中木康夫〕『기사와 요정』).

불교도 마찬가지로 애욕의 죄업을 여자 탓으로 돌렸다. 이 점에 대해서는 이미 가사하라 가즈오(笠原一男)가 여러 논문에서 언급하고 있지만 "온갖 만물 세계의 남자들이 저지르는 많은 번뇌를 모아 한 여인의 죄업이 된다(『열반경』)"는 종교적인 여성에 대한 경시는 성의 죄악시와 밀접한 관계가 있다.

동서양의 종교에서 공통으로 죄악시되던 성을 여성에게 떠넘기는 것은 반드시 남성의 이기주의라고 단죄할 수 없는 문화사적 배경을 가지고 있다. 인도에서는 여자가 대지에 경혈[22]을 뚝뚝 흘리며 미친 듯이 춤을 추는 풍요의례가 있었다. 피는 생명의 상징이었다. 그 반면 월경과 출산을 더러움과 부정함으로 금기하는 민속이 각지에서 넓게 퍼져 있다. 사람들은 생명과 성에 대해 존경함과 동시에 두려워하는, 말하자면 양의적 감각이 있다. 그 결과로서 아이

조코사이 에이쇼(鳥高斎栄昌), 「벚꽃 아래 유녀와 가무로(桜花下の遊女と禿)」. 에도 시대, 도쿄국립박물관 소장본.

---

22) 여자의 월경 때 나오는 피.

를 낳는 성인 여성을 극단적으로 신성시하거나 아니면 경시하게 되었다. 아무리 남녀 차이가 후대에 만들어진 것이라고 주장해도 여성이 아이를 낳는 성이라는 사실을 부정하기 어렵다. 오늘날 생명과학의 진보에 의해 이것도 명확하지 않다는 반론은 있다. 그러나 생명과 성 그 자체에 대한 두려움을 분석하지 않고, 여자를 부정하게 보는 것을 여자라는 존재의 차별이라고 파악하는 것은 싸구려 페미니즘이라고 할 수 있다.

"여성의 생식 기능은 여성의 지위를 높이는 근거임과 동시에 낮추는 이유로도 작용한다(쉴르로 『변혁기의 여성』)"라는 문장 그대로 그 시작부터 생명과 피의 양의성, 비일상성이 남성보다도 여성들과 인연이 깊은 것으로 알려져 왔다. 이러한 여성들의 존재 방식을 생각하면 성적 기능을 가진 유녀가 처한 문화사적 현실을 이해할 수 있을 것이다. 물론 유녀의 성은 반드시 아이를 낳는 성으로 이어지지 않지만 성과 여자의 연계를 그녀들은 지극히 노골적으로 담당하였다.

"나는 여자로서 유녀에 미친 너의 모습을 그다지 추잡하다고는 생각하지 않는다"라는 기치조 선녀의 한마디는 이러한 여자의 에로스적인 성의 단면이다. 센타로에게 대가를 원하며 그에 대한 보은을 베푼다.

> 신사를 새롭게 건립하려고 하니 외모가 뛰어난 남자 하인 열 명만 붙여주게
> 나. 여자 무녀는 싫고.

기치조 선녀의 대사는 과연 우키요조시다운 해학적이면서도 서양의 마녀에 대한 환상을 뒤집어 놓는 방탕한 여신에게 어울리는 말투라고 볼 수 있다.

『요시와라의 호출(吉原の '呼出')』,
국제일본문화연구센터 소장본.

V 하나코 이야기

―'화려함'의 체현

1. 사랑을 실은 부채

여기에서는 어느 예술 철학을 반영하는 아름다움의 여신으로서 유녀의 모습에 대하여 살펴보고자 한다.

하나코, 이 사랑스러운 이름을 지닌 유녀는 에구치의 유녀에 견주는 대표적인 여주인공으로 교겐(狂言)[1]에서도 그녀의 이름을 그대로 제목으로 하는 작품이 남아있다.

교겐에서는 하나코를 질투하는 정실 부인과 남편이 주고받는 유머러스한 대화를 주로 연기하고 있지만 요쿄쿠『한조(班女)』는 같은 유녀 하나코를 둘러싼 연애이야기를 부채 교환이라고 하는 로맨틱한 설정을 가미하여 이야기로 만든 것이다.

하나코는 미노 지방의 노상에서 몸을 팔던 유녀였다. 여행하는 사람들을 상대로 몸을 팔고 있었는데, 동쪽 지방으로 내려가던 도중 잠시 머물게 된 요시다노 쇼쇼라는 남자와 친해져서 서로 부채를 교환하고 사랑의 증표로 삼았다. 그러나 쇼쇼는 이윽고 여행길을 떠나야 할 날이 다가왔다.

---

1) 일본 전통예능의 하나, 노(能)의 막간에 상연하는 대사 중심의 희극.

그때부터 하나코는 제정신을 잃고 그 부채만을 뚫어지게 바라보며 부채만
만지고 있어서 사람들은 모두 하나코를 한조(班女)²⁾라고 부르게 되었다.

쇼쇼가 떠난 이후 증표인 부채에 마음을 빼앗긴 하나코에게 사람들은
한조라는 별명을 붙였다. 왕의 총애를 잃어버린 자신을 가을에 버려지는 부
채에 비유한 중국 여성의 이름에 빗댄 것이다. 떠난 사람을 너무 생각한 나
머지 자기 일에도 집중하지 못하게 된 하나코는 해고된다. 여관 주인은 온
종일 부채를 손에 들고 있는 하나코에게 "나는 이 부채를 볼 때마다 온몸이
불타오르는 것 같이 화가 난다. 이 부채를 들고 어디로든 밖으로 나가버려.
화가 치밀어"라고 화를 내며 무정하게도 부채를 빼앗아 그녀 눈앞에 내동댕
이쳤다. 막이 열리자마자 매정하게 여관에서 쫓겨나는 하나코.

하나코는 떨어진 부채를 주워 지긋이 바라보며 눈물짓고는 "오우미 지
방 가는 길도 그대와 만난 이 몸. 무정한 사람과 헤어진 다음부터 옷소매에
이슬처럼 그대로 사라져버릴 것 같이 이 몸이 괴로워요"라고 말한 후, 슬픔
에 잠겨 노가미 마을을 떠난다. 그렇지만 그녀의 모습을 비참하게 그리는
것이 아니라 '오우미'를 '(그대와) 만난 이 몸'에 비유하고 '이슬'에서 '사라
져 버릴'이란 시어를 이끌어 내 가케고토바(掛詞), 엔고(縁語) 기법을 구사하
며 매우 우아한 곡조를 자아내고 있다. 특히 "그렇다고 하더라도 내 님은 가
을이 오기 전에 반드시 오겠다 했는데……. 저녁은 나날이 쌓여 가는구나.
사람 마음이란 부질없네"로 시작되는 구절은 후대에도 독수공방을 원망하
는 여성의 한을 이야기할 때 자주 인용되는 아름다운 대사로 조노마이(序之
舞)³⁾에서도 그려지고 있다.

---

2) 남자에게 버림받은 여자.
3) 노(能)의 종류로 조용하고 기품있는 춤을 말한다.

남기고 간 부채보다 겉과 속이 다른 것이 사람 마음이구나. 부채는 거짓말쟁이구나. 만나지 않아야만 사랑은 이룰 수 있는 것을, 만나지 않아야만 사랑은 이룰 수 있는 것을.

노래와 춤이 멈추자 부채를 알아본 요시다 쇼쇼가 그녀를 불러 서로의 부채를 교환하며 감격스러운 재회를 이루게 된다.

행복한 결말에 걸맞게 부채가 남녀 사이를 중재한다는 설정은 이 곡을 슬픈 사랑이야기가 아니라 우아한 연애이야기로 완성하고 있다. 부채라는 소도구는 악곡의 정취를 결정하는 것 이상으로 깊은 민속신앙에 뿌리를 두고 있다.

오키나와의 부락 창건자인 곤겐(根所)의 가미다나(神棚)에는 신의 빙의체인 요리마시[4]로서 남자와 여자를 나타내는 히오기(日扇, 해 모양의 부채)와 쓰키오기(月扇, 달 모양의 부채)를 안치하는 경우가 많다(요시노 유코[吉野裕子] 『부채, 성과 고대신앙[扇 性と古代信仰]』). 요시노 유코는 이 외에도 풍부한 사례를 덧붙이며 고대 신앙세계에서는 성이 중요한 위치를 차지하고 있었고 부채는 신제의 중요한 제구였다고 설명하고 있다. 앞서 제시한 이즈미 시키부와 관련된 '호색한 여인의 부채' 에피소드를 보아도 부채에 사랑의 이미지가 담겨 있는 것을 알 수 있다. "눈이 즐겁다 / 사랑하는 그대의 부채가 / 새하얗게 되었네"라는 부손(蕪村)[5]의 하이쿠나 박꽃을 그린 부채가 히카루겐지와의 사랑에 한몫을 한 『겐지모노가타리』의 유가오 이야기의 예를 보아도 부채가 사랑과 인연이 깊은 사실을 살필 수 있다.

---

4) 기도사나 무당이 신령을 부를 때 일시적으로 신령이 지피게 하는 여자나 어린이.
5) 에도 시대의 하이진(俳人).

어렴풋하게 보고 있자면 유가오의 박꽃을 그린 부채였다. 이렇게 된 이상 고레미쓰에게 지촉을 밝혀서 그 부채를 보여드려라.

『한조』의 대사에도 수없이 '박꽃' 장면을 끼워 넣고 있는데, "부채가 부인의 유품이기에 부부가 마음을 둔 정표로구나"라는 마지막 문구는 부채를 남녀의 '사랑'을 상징하는 것으로 명확히 자리매김하며 일찍이 부채에 담긴 성스러운 성의 모습을 암시하고, 성 신앙과 유녀와의 관련을 어렴풋하게 전달하고 있다.

2. 비탄하는 꽃

그러나 『한조』에서 하나코의 가무는 이러한 성 신앙의 잔영이라기보다 춤추며 노래하는 유녀의 모습을 현세적 아름다움의 차원에서 향수하는 측면이 강하다. 요시다 쇼쇼를 만나지 못하는 슬픔을 마음에 깊이 숨기며 춤추는 당찬 모습과 유녀의 아름다움 속에 한 점의 슬픔을 덧붙이는 것으로 정취 깊은 멋을 자아내는 이야기가 『유야(熊野)』[6]이다.

병든 어머니를 배려해서 이별을 고하는 유녀 유야를 주군 무네모리는 무리하게 꽃구경에 데려가려고 한다. 무네모리 앞에서 어머니에 대한 슬픔으로 가득 찬 편지를 소리 높여 읽어 내리는 유명한 「후미노단」. 그리고 결국 억지로 가게 된 꽃구경을 "깊은 사랑을 다른 사람은 알까……"라며 계속 눈물지으며 춤추는 추노마이[7]. 이 모두 비극성에 중점을 두고 있는 것이 아

---

6) 노를 대표하는 곡 중 하나이다.
7) 노(能)의 춤 중 하나.

유녀의 모습을 담은 그림 엽서

니라 '비탄에 잠긴 유녀의 아름다움'을 감상하기 위한 것이다. 『한조』의 하나코와 마찬가지로 유야는 마지막에 귀향을 허가받고 매우 기뻐하며 어머니의 품으로 발걸음을 재촉한다.

곤파루 젠치쿠(金春禅竹)[8]는 노 예능론인 『가부즈이노키(歌舞髓脳記)』 속에서 '유야'의 정취를 "특히 그녀의 풍채는 봄날 여명과도 같았다"라고 높이 평가하고 있다. 노를 만드는 입장이 독선적인 것이 아니라 "유야와 마쓰카제는 쌀밥"이라는 표현이 생길 정도로 『유야』는 인기 있는 악곡으로서 지위를 유지해 왔다.

제아미가 『산도(三道)』에서 말하길,

이세·고마치·기오·기뇨·시즈카·햐쿠만과 같은 유녀들은 모두 춤과 노래

---

8) 무로마치 시대 중기(1405~1470년경)의 노(能) 연기자.

놀이에 있어서 명망을 얻은 여인들이기 때문에 이들을 노의 근본체로 삼으려는 것은 자연히 노의 완성도에서 중요한 부분이 있기 때문이다.

유녀는 '춤 노래 놀이에 있어서 명망을 얻은 여인들'로 노의 미학을 직접 몸으로 표현하는 체현자로서의 위치를 획득하고 있다. 가무의 여신이었던 유녀들이 가무로 구성된 노의 아름다움의 이상적인 표현자가 될 수 있었던 것은 당연할 것이었다.

> 부끄럽게도 그 옛날 부처님이라고 불리던 명성에 기대어 윤회의 양상도 노래와 춤으로 나타냈다. 극락세계의 독경 소리 불사를 행하고 있구나. 이 벌판에 찬불의 춤사위, 신묘한 옷소매, 풀과 나무도 흔들리는 모습이여.

무녀로서의 뛰어났던 유녀, 호토케고젠(仏御前)[9]의 영혼이 조노마이 춤을 추는 『호토케바라(仏原)』. 이 작품에서는 호토케고젠의 춤사위를 극락세계의 가무와 비견하여 가무의 여신인 유녀의 모습으로써 충분히 살린 노 작품으로 만들고 있다. 악곡 중에는 "기오 기조 부처님의 안사람으로 따뜻한 표정에 춤과 노래가 화려해서 유명한 유녀가 있었으니"라고 특히 노래와 춤이 뛰어난 유녀의 이름이 열거되고 있다. 여기에 기오와 호토케고젠이 함께 춤(相舞)[10]추는 악곡도 존재한다. 바로 『기오(祇王)』이다. 기타류(喜多流)[11]가 연기하는 악곡 『후타리기오(二人祇王)』에서는 다이라노 기요모리(平淸盛)[12] 앞에서 나란히 춤추는 두 사람의 유녀가 볼거리이다.

---

9) 헤이케이모노가타리(平家物語)에 나오는 등장인물.
10) 노와 교겐에서 2인 이상이 같은 형태로 함께 하는 춤.
11) 노의 시테역의 하나.
12) 헤이안 시대 말기의 무장.

그러나 『호토케바라』이든 『기오』이든 '애통해하는 유녀'라는 심리적 조건이 약해서인지 인기 있는 악곡이라고 말하기에는 무언가 부족한 감이 있다. 같은 한 쌍의 춤을 보여주는 『후타리시즈카(二人静)』[13]에서는 비탄에 잠긴 유녀의 모습이 훌륭하게 살아 있다.

시즈야 시즈
시즈의 옷감
실꾸리
되풀이하며 부르는 내 이름
옛날을 지금과 바꿀 수 있다면

미나모토노 요리토모(源頼朝)의 요구에 억지로 유명한 와카 한 수를 읊조리면서 가라앉은 기분을 불러일으키며 춤을 춤추는 시즈카의 모습은 『한조』나 『유야』와 같은 연출 효과를 주고 있다. 하나코는 요시다 쇼쇼를, 유야는 병든 어머니를, 그리고 시즈카는 요시쓰네(義経)를 생각하며 춤을 춘다. 시게히라(重衡)[14]와의 이별에 눈물 흘리는 『센주(千手)』도 그러한 예시에 빠지지 않는다. 가슴에 슬픔을 품은 유녀의 춤은 한층 더 아름답다고 하는 발상은 그대로 『후나벤케이(舟弁慶)』의 시즈카고젠에도 잘 그려져 있다.

일어서서 춤출 만한 신분도 아닌 제가 옷소매 흔드는 것도 부끄럽습니다

요리토모의 형제 사이가 틀어져 서쪽 지방으로 내려가는 요시쓰네의 곁

---

13) 요쿄쿠.
14) 헤이안 시대 말기의 헤이케이(平家) 가문의 무장.

을 시즈카고젠이 따라간다. 다이모쓰노우라 해변에서 갑자기 요시쓰네에게 시즈카고젠은 수도로 돌아가라는 말을 듣는다. 슬픔에 풀이 죽은 그녀는 도저히 일어서서 춤출 상태가 아니었지만, 그래도 떠나가는 요시쓰네의 뱃길을 축복하며 일행 앞에서 춤을 춘다.

제아미가 저술한 『산도』로 유명해진 여인 햐쿠만도 "남편과 사별하고, 단 하나 있는 남편의 유품인 젖먹이 아이와는 생이별하게 되어 마음이 매우 아팠습니다"라며 광란의 노에서 등장한다. 남편은 죽고 아이와는 생이별하게 된 괴로움이 너무 심한 나머지 광녀가 되어버린 햐쿠만. 그러나 여기에서 그녀를 표현하는 방법은 어디까지나 비참함이 아니라 '구루마노단'과 '사사노단'처럼 예능을 표현하는 여주인공으로 그리고 있다. 그렇기 때문에 볼거리가 많은 노 작품이라고 할 수 있다.

"배나무 한 가지는 봄비에 젖어"라는 표현 그대로 비탄에 잠긴 미녀의 애통함을 살리면서 유녀는 예능의 여신이 되기에 어울리는 노의 '하나(花, 꽃, 화려함)'[15]를 구현하는 체현자가 되었다.

3. 늙은 여자의 '화려함'

그렇다 하더라도 제아미의 '하나(花)'는 결코 '젊고 아름다운 여자의 춤'이라는 차원에 머무르지 않았다.

노인 흉내에도 심오한 뜻이 담겨있다. 노의 깊이는 다른 사람에게 잘 보이

---

15) 제아미의 농악론에서 연기나 연주가 관객의 감동을 일으키는 상태 또는 매력. 여기에서는 화려함으로 이해한다.

지 않는다. 노 중에서도 노인의 춤은 가장 중요하다. 하나(꽃, 화려함)는 있
으면서 노인으로 보이도록 춤춰야 한다. 마치 늙은 나무에 꽃이 피는 것과
같이.

『후시카덴(風姿花伝)』[16]에는 노인의 노를 중대한 '이 길의 심오한 뜻'이라
고 논하고 있다. 노인이면서도 동시에 화려함이 있는 춤, 일견 모순된 기예
를 훌륭하게 완성해내지 않으면 안 된다. 특히 노녀물(老女物)[17]은 내용이 중
후한 작품이다. 오늘날 이른바 「산로조(三老女)」[18]라 불리는 악곡은 매우 드
물게 상연되는 유명한 대작으로 알려져 있다.

『히가키(檜垣)』[19]는 그 옛날 전성기를 뽐내던 시라뵤시의 영혼이 모습을
드러내 예전을 그리워하며 춤을 선보이는 이야기이다.

> 나의 검은 머리카락도 시라카와(白川)의
> 물을 길을 정도로 나이 들어버렸구나
>
> 『고센와카슈(後撰和歌集)』[20]

한 잔의 물을 구하려고 읊은 이 노래가 전설 속 히가키라는 여성의 이름
을 남기게 했다. 세월은 흘러 검은 머리카락은 하얗게 변하고 이도 빠져버
려 노인의 치아처럼 되었습니다⋯⋯. 물을 긷는 것에 비유하여 젊은 날의

---

16) 노 이론서. 7편으로 구성. 제아미(世阿弥)가 1400부터 18년에 걸쳐 아버지 간아미 아
  래에서 저술한 책.
17) 노녀(老女)를 시테로 하는 노(能).
18) 노에서 할머니를 시테로 하는 '히가키(檜垣)', '오바스테(姨捨)', '세키데라고마치(関寺小
  町)' 3곡을 말한다.
19) 요코쿠. 제아미의 작품.
20) 헤이안 시기의 칙선 와카집.

오이란이 거리를 거니는 모습을 담은 그림 엽서

아름다운 용모가 사라진 늙은 몸을 노래한다. 요쿄쿠『히가키』에서는 현재
와 옛날의 대조가 생생하게 그려진다.

> 잇꽃이 핀 봄날 아침 단풍이 든 가을 저녁 무렵도 하루의 꿈처럼 되어버렸
> 네. 홍조 띤 얼굴 모습 춤추는 무녀의 명예도 그토록 아름다운 홍안에 비춰
> 빛 머리 장식 꽃은 시들고, 초승달 같은 눈썹에 서리가 내려 늙고 야윈 내 모
> 습이 물속에 비쳐서 푸르게 보이던 검은 머리카락은 흙탕물 속 해초 부스러
> 기 흙먼지로 변해버린 이 몸의 모습이 슬프다.

볼이 홀쭉해진 '히가키녀'라는 노 가면을 쓰고 춤을 추는 노파. 예전에는
무녀로서 세상에 명예가 알려질 정도로 이름을 떨치던 유녀였는데, 시간의
흐름은 그녀를 별 볼 일 없는 노파로 바꾸어 놓았다. "누군가 생사의 도리를
논하지 않겠나?"라는 유녀의 넋두리는 자신의 몸을 통해 깨달은 인생의 무
상함이며 어떠한 아름다움도 영광도 결국은 쇠퇴해 간다는 깨달음이 그녀

가 길어 올린 물의 이미지와 융합되어 간다.

> 흐르는 물의 가련함 / 세상의 이치를 알게 되었네
> 시라가와 강물이 가련하여 / 지금까지 기다리고 있었네

'이 세상의 가련함'을 표현하는 뛰어난 은유로 물의 투명한 영상과 히가키의 여자가 체현하는 무상함이 겹치며 노파의 춤이지만 보기 괴로운 것이 아니라 예스러운 투명함이 있는 세계로 무대는 승화한다.

현재 유녀들의 노래를 모은 가집 『히가키노오나슈(檜垣嫗集)』도 남아 있다. 유녀가 '떠도는 몸'이라는 별칭에 의해 세상의 무상함을 상징하는 존재가 될 수 있었던 것을 생각하면(제2부 제2장 참조), 히가키의 여자는 그런 유녀들의 대표로서 모습을 남기고 있다.

유녀의 대표로서 잊으면 안 되는 사람이 오노노 고마치이다. 제3장에서도 언급했듯이 고마치는 전승 세계에서 유녀의 대명사로 그려졌다. 제아미도 『삼도』[21]에서 유녀 중 한 명에 포함하고 있으며 노 예능의 여주인공으로 자주 다루어지고 있다. 젊은 시절의 고마치를 다룬 작품으로는 『소시아라이고마치(草子洗小町)』와 『가요이고마치(通小町)』가 있다. 노파가 된 고마치가 등장하는 『소토바고마치(卒都婆小町)』와 『오우무고마치(鸚鵡小町)』도 널리 알려졌다. 그중에서도 『세키데라고마치(関寺小町)』는 세 노녀가 한 사람 한 사람 노래하는 노로서 가장 비중이 무거운 작품으로 알려져 있다.

---

21) 제아미의 노 이론서. 1423년 차남인 간제 모토요시(観世元能)에게 준 저서로서 『노작서(能作書)』라고도 한다.

가련하게도 예전에는 하룻밤 묵은 숙소조차도 거북이 등껍질로 장식하고 담장에 금으로 만든 꽃을 걸고 문에는 수정으로 장식하고, 임금이 타는 아름다운 수레에 옥빛 의상을 치장하고, 잠자리에 드는 침실 안에는 화려한 비단 이불 위에서 기거하던 몸이지만 지금은 흙벽으로 만든 작은 집이 옥을 간 침대입니다.

미녀로 명성이 높고 영화를 자랑하던 고마치가 늙어 음식을 구걸하고 흙바닥에서 잠을 잔다. 『히가키』와 마찬가지로 여기에도 과거의 영광과 현재는 늙어 초라해진 상황이 대조적으로 그려지면서 이를 통해 깨닫게 되는 현세의 무상함이 있다. 고마치가 늙어 걸식하며 방랑한다는 이야기는 『다마 쓰쿠리고마치소스이쇼(玉造小町子壯衰書)』를 비롯하여 널리 알려진 전승이지만 자세한 내용은 제2부 제3장에서 다루기로 하고, 여기에서는 그녀의 모습이 노의 '하나(꽃, 화려함)'가 될 수 있었던 점에 주목하고 싶다.

백 년 동안
꽃에 머문 나비 춤
가련하구나
가련하구나
늙은 나무에 핀 꽃가지

내가 살아온 백 년의 세월은 꽃에 머무는 나비의 꿈과 같이 허무한 것이었다고 회상하며 춤을 추는 모습이 늙어 추하기는커녕 젊은 유녀의 모습을 능가하는 투명한 노목의 꽃 같은 아름다움이 머물고 있을 뿐이다.

가무 보살인 유녀에 의탁한 노의 미학. 이것에서 종교성과 다른 연극 철학이 성숙하며 싹트고 있는 모습을 엿볼 수 있다. 노라는 예능 형식이 제의

성을 깊이 품고 있다는 점은 의심할 여지가 없지만, 가미아소비의 노래와 춤이 연극이라는 '문화'로 도약하려는 움직임의 중심에는 제아미가 있었다. 그렇다고는 해도 Play나 Spiel과 같은 표현과 달리 일본어의 '아소비(遊び, 놀이)' 역시 가무음곡 연극에 종사한다는 뜻이 거의 사라져 버렸기 때문에 이에 대한 경위도 쉽게 잊혀지기 마련이다.

　이러한 제아미의 미학 '하나(꽃, 화려함)'의 체현에 효과적으로 영향을 준 유녀들의 슬퍼하는 모습, 혹은 무상의 깨달음은 거슬러 올라가면 만요 시대에서부터 전통을 이어온 것이었다. 가무와 호색의 여신으로서 유녀 모습 뒤에 숨겨진 박복한 그림자를 제2부에서 살펴보기로 하자.

VI 마쓰라 사요히메 이야기

─성스러운 신부

1. 가슴 아픈 이별을 한탄하다

눈부신 가무와 호색의 여신으로서 전승과 문학 속에 모습을 남겼던 유녀들. 그러나 밝은 빛에는 반드시 어두운 그림자가 따르기 마련이다. 사람들이 유녀에게 가졌던 아름다운 환상은 유녀들의 행복을 의미하는 것은 아니었다. 전승 속에 살아 있는 이즈미 시키부와 오노노 고마치가 호색한 유

요코하마 유곽의 유녀

녀였다고 하더라도 실제로 유녀였던 여자 모두가 스스로 원해서 많은 남성과 관계를 맺었다고는 할 수 없다.

오히려 그녀들은 진정으로 사랑할 수 있는 특정한 한 남성을 바랐다. 이 때문에 유녀들이 문학 세계에서 처음으로 입을 열었을 때 그곳에는 이미 박복한 그림자가 드리워져 있었다. 『만요슈』에 보이는 '우카레메[1](=유녀)'의 노래에서는 이러한 여자들의 마음속 절규가 들려온다.

> 겨울 12월 다자이노소치(太宰帥)[2] 오토모(大伴卿)가 교토로 상경할 때 어떤
> 처녀가 만드는 노래 2수
> 보통사람이면 어떻게 하겠지만 송구하게도
> 흔들고 싶은 옷소매를 참고만 있었구나
> 야마토로 가는 길은 구름 속에 숨어버렸지만
> 흔드는 옷소매를 무례하다 생각지 마세요

다자이노소치 오토모가 임지인 다자이후를 떠나 교토에 올라갈 때 그를 떠나보내는 사람들 속에 한 유녀의 모습이 있었다.

> 그녀의 아호를 고지마라고 한다. 이때 그녀는 너무 쉬운 이별에 상처받고, 그와 다시 만나기 어렵다는 것을 한탄하면서 눈물을 닦으며 스스로 옷소매를 흔들며 노래는 불렀다.

---

1) 각지를 돌아다니면서 가무로 연회를 즐겁게 했던 유녀. 이하 유녀로 함.
2) 규슈 외교와 방위를 맡던 다자이후(大宰府)의 장관.

본래 '마음을 다 바친 사람과의 이별이라 아쉽지만 보는 눈이 많아서 옷소매도 흔들 수 없어 참고 있습니다. 그렇지만 역시 참을 수 없습니다. 당신을 위해 흔드는 제 소매를 부디 무례하다고 생각하지 마시기를'이라는 노래일 것이다. 가슴을 억누르는 애절함이 복받쳐 오르듯이 두 와카 사이에는 거세게 흔들리는 심정이 그려지고 있다.

가요이콘(通い婚)[3] 시대에 밤에 자신을 찾아오는 남자를 기다리거나 혹은 여자의 거처를 찾아가는 남자의

가쓰시카 호쿠사이(葛飾北斎), 「유녀도(遊女図)」, 1810~1819.

마음을 노래한 와카가 많은 가운데, '헤어지기는 쉽고 만나기는 어려운' 인연을 한탄하는 여인의 노래는 이색적이라서 눈에 들어온다. 게다가 '보통사람이라면……'이라는 어조에 어딘가 자신의 신분에 대해 주눅이 든 것을 느낄 수 있다. 이러한 노래는 적지만 다른 곳에서도 찾을 수 있다.

잠시만 그대와 서로 만나 어찌 될까요
언제 다시 밖에서 볼 수 있을까

고치노모모에오토메

---

[3] 부부가 함께 살지 않고 어느 한 쪽이 찾아가야만 만나는 혼인 형태.

다시 만날 기회조차 없는 것인가 시로타에처럼
하얀 내 옷소매에 기원 싣고 싶네

아와타메노오토메

아주 짧은 기간 동안 사랑하는 사람을 만났지만 언제 다시 그 얼굴을 볼 수 있을까요? 아가씨 한 명이 한탄하자 다시 다른 아가씨가 다시 만날 수 있을까 생각해서 옷소매에 주술을 걸려고 한다. 역시 우카레메(=유녀)라고 불리는 여성들이다. 스스로 자신을 낮추는 말투가 그녀들의 신분을 엿보게 한다.

여관이나 임지에서 남자와 사랑하고, 그 사람이 떠나갈 때에는 따라가지 못하고 이별을 감내하지 않으면 안 되는 여자들. 그녀들은 대개 그 지역을 소재로 노래를 부른다.

아름다운 해초를 흔들면서 노 저어 가네
그대 탄 배 언제까지 기다릴까

쓰시마노오토메타마쓰키

이 여인은 항구 마을에 사는 유녀일 것이다. 출항하는 배를 '다음은 언제인가'라며 지켜보는 여인의 모습. 물속에 흔들리는 해초는 흔들리는 여자의 마음을 표현하고 있다. 항구마다 이러한 유녀들이 있었을 것이다.

천지 신에게 기원하며 나는 기다리고 있네.
빨리 돌아오세요, 그대. 기다림은 괴롭기에

노래에서 주체할 할 수 없는 그리움이 보인다. 먼 곳으로 떠나는 사람에게 부르는 노래도 필시 유녀의 작품일 것이다. 그러나 아무리 불러보아도 유녀는 결국 기다리는 여자였다.

당신 생각하며
내가 그리워하네
아라타마의 지나가는 달마다
피하는 날이 없도다

앞으로 당신을 그리워하지 않는 날은 하루도 없겠지요. 반쯤은 포기한 마음으로 여자는 탄식한다. 고토바가키(詞書)에는 이 여성이 히젠노구니[4] 지방 마쓰라 바다 항구의 유녀로 알려져 있다.

2. 사요히메 전설

마쓰라 바다는 수많은 유녀 중에서도 전승설화의 여주인공으로 이름을 떨친 여성과 인연이 깊은 지역이다. 다름 아닌 사요히메(佐用姬)[5]의 이야기. 그녀 역시 사랑하는 사람과의 이별을 견디지 않으면 안 되었다.

오토모노사데히코노이랏코는 혼자 조정의 명령을 받고 사신으로서 지방으로 내려가게 되었다. 그를 실은 배는 푸른 파도 너머로 점점 멀어져 갔다. 사요히메는 이렇게 쉽게 헤어지는 것을 탄식하고 다시 만나기 어려운 것을 한탄하였다. 그녀는 다카야마 산꼭대기에 올라 멀어져가는 배를 쓸쓸히 바라

---

4) 규슈 서북의 옛 지명. 지금의 나가사키(長崎)·사가(佐賀) 두 현.
5) 전설 속의 인물로 사랑하는 사람을 떠나보낸 슬픔으로 돌이 된 여인.

보며 오장육부가 끊어질 듯이 슬퍼하며 말없이 혼이 나간 듯 서 있었다. 이
윽고 어깨에 걸친 히레를 벗어서 흔들었다. 옆에 있던 사람들은 모두 눈물
을 흘리지 않을 수 없었다.

사랑하는 사람이 조정의 명에 의해 다른 지방으로 떠나 버렸다. 사요히
메는 참지 못하고 높은 산에 올라가 멀리 사라져 가는 배를 바라보며 절망
적인 생각에 사로잡혀 결국 어깨를 감싸고 있던 얇은 천 히레(領巾)[6]를 들고
흔들기 시작했다. 이것을 보고 눈물을 흘리지 않는 사람은 없었다고 한다.

넓고 먼 바다로 떠나가는 배 돌아오라
히레를 흔들었네 마쓰라 사요히메

떠나간 배를 되돌려서 멈춰 세우지 못하네
얼마나 그리웠을까 마쓰라 사요히메

이렇다 할만한 기교를 부린 노래는 아니지만 팔이 끊어질 정도로 천을
흔드는 여자의 모습과 작게 사라져 가는 배의 정경이 눈에 선하다.
그렇다 하더라도 여기에서 화제의 중심이 되고 있는 얇은 천, 히레라는
것은 어떠한 것일까? 처음에 소개한 우카레메(= 유녀 고지마의 와카)에서도 소
매를 흔드는 동작이 언급되고 있다. 히레는 의복의 일부분이지만 히레야말
로 사요히메의 전승 및 일련의 우카레메(=유녀) 노래에 숨겨진 단순한 슬픈
사랑이야기 이상의 의미를 말해주고 있는 듯하다.

---

6) 고대 장신구의 하나. 여성의 머리에서 어깨로 좌우로 내려서 장식한 천.

히레는 롱 스카프를 말한다(무라카미 미치타로〔村上道太郎〕『색이 말하는 일본의 역사』). 얇은 직물과 얇은 명주 천을 사용하여 만든 가늘고 긴 숄을 상상하면 된다. 물론 장식적인 성격이 있지만, 어깨띠, 벌레 쫓기, 수건, 보자기와 같은 실용성도 갖추고 있었다고 한다(에마 쓰토무〔江馬務〕, 『일본의 복식』). 하지만 히레에는 어딘지 모르는 신비스러운 주술적 성격이 감돈다. 『고지키』의 스세리비메와 오쿠니누시노미코토[7]의 이야기에서 오쿠니누시노미코토를 덮치려고 하는 뱀에게 스세리비메가 히레를 세 번 흔들자 뱀이 즉시 얌전해졌다고 한다. 히레를 흔드는 것으로 생긴 주술적 효과가 오쿠니누시노미코토의 생명을 구한 것이다. 다음 날 '지네와 벌의 암굴'에 들어갔을 때도 히레는 같은 마력을 발휘해 벌레들을 퇴치했다.

흔들면 무언가가 일어나는 마법의 천, 이것이 히레였다. 일찍부터 여자들은 모두 이 천을 두르고 있었다고 전해지고 있지만, 특히 우네메(采女, 궁녀)로 불리는 여성들에게 있어서 히레는 필수품이었다.

"스메미마노미코토[8]의 아침 식사, 저녁 식사 공양에 바치는 히레를 거는 씨족 집단은……"이라는 『궁중축제 제문(大殿祭の祝詞)』[9]처럼 히레는 궁녀의 대명사가 되었다. 궁녀라면 여기에 적힌 것처럼 천황의 식사를 봉양하는 여자이지만 히레로 주술적인 힘을 행사하고 나아가 현인 신인 천황과 신성한 관계를 맺는 여성이기도 하였다. 이즈모노쿠니노미야쓰코[10]가 신제를 구실로 수많은 여성을 부인으로 삼아 '신궁 우네메'라고 불렀다. 이러한 자료가 성스러운 성의 형태로 전하고 있는 대로 신의 아내로서, 또는 히레를

---

7) 스사노오미코토(素戔嗚尊)의 자식으로 이즈모대사(出雲大社)의 제신이기도 하다.
8) 아마테라스 오오가미의 자손인 천황.
9) 궁전에 재난이 없게 하려고 제래를 올리는 의식.
10) 고대 이즈모의 호족.

흔드는 여자로서 종교적 역할을 담당하고 있던 궁녀의 성격은 그대로 유녀의 본질과 서로 통하고 있다.

3. 신의 아내

따라서 산의 이름을 히레를 흔드는 산봉우리, 즉 히레후리의 산봉우리라고 부르게 되었다. 『만요슈』에 전하는 마쓰라 사요히메의 전승은 공주가 히레를 흔들었다고 하는 산이 후대에까지 '히레후리의 고개'라고 불리게 되었다고 끝을 맺고 있다. 이와 같이 지명 유래담은 『히젠노쿠니후도키(肥前国風土記)』[11]에도 기록되어 있다.

> 히레후리의 봉우리는 이 고을 동쪽에 있다. 오토모노사데히코노무라지가 출항해서 임나로 건너갈 때 오토히히메코가 이곳에 올라 히레를 흔들며 배웅하였다. 따라서 히레후리의 봉우리라고 부르게 되었다.

여기에 드러나고 있는 것은 마쓰라 사요히메의 다른 이름 '오토히히메코(弟日姫子)'를 오리쿠치 시노부라는 학자는 유녀의 총칭으로 보고 있지만, 궁녀와 마찬가지로 마쓰라 사요히메도 히레와 함께 사람들의 인상에 남아있다.

> 이렇게 하여 오토히히메코는 사데히코노무라지와 헤어지고 닷새가 지난 뒤 다른 사람이 밤마다 찾아와서 같이 잔 뒤 새벽이 되면 빨리 돌아가 버렸다. 그 얼굴과 모습은 사데히코와 쏙 닮았다고 한다.

---

11) 713년에 작성된 풍토기의 하나.

슬픈 이별 후에 사데히코를 닮은 남성이 매일 밤 그녀의 침소를 방문한다. 그녀는 수상히 여겨 '남몰래 삼베 실타래를 그 사람의 옷자락에 걸어 삼베 실이 이끄는 대로 따라 가보니……' 다다른 곳이 늪이다. 그리고 그곳에는 '뱀'이 자고 있었다. 밤에만 찾아오는 남편, 그 남편의 정체를 찾아 '삼베 실'을 소매에 묶어 뒤를 밟는다. 실로 일본의 대표적 성혼담인 미와야마(三輪山) 전승설화[12)]의 한 갈래이며 사람이 아닌 비일상적 존재의 아내가 되는 신혼(神婚)이라는 모티브를 답습하고 있다.

이와 같은 형태가 번외 요쿄쿠 『마쓰라히메』에서도 찾을 수 있다. 커다란 연못에 매년 산 제물을 바쳐야 하지만 적당한 여성이 나오지 않는다. "용모가 아름다운 소녀를 구해 산 제물로 바치기 위해 이곳저곳을 찾아 돌아다녔지만 결국 발견하지 못했다"며 매우 곤란해하는 조연에게 꿈속에서 와슈 지방 사람인 마쓰라 사요히메를 산 제물로 사들이라는 신탁이 내려진다. 인간 이외의 존재에게 바치는 처녀의 산 제물은 신과 사람의 성혼 패러디라고 프레이저(James George Frazer)도 기술하고 있지만 '마쓰라 사요히메'는 이에 어울리는 여성으로서 특별히 지명되었다.

히젠과 와슈는 꽤 멀리 떨어져 있음에도 같은 이름과 내용의 전승이 형성되고 있었다. 이러한 사실을 감안한다면 '마쓰라 사요히메'가 고유명사가 아니라 보통명사로 이용되어 유녀 전승으로써 만들어진 것을 알 수 있다. 니시노미야 가즈타미(西宮一民)는 '오토히히메코'를 '젊은 영적 공주'라고 설명한다. 신의 아내로, 선택된 여성으로 히레를 흔드는 모습에서 유녀가 종교적 여성이었음을 엿볼 수 있다.

---

12) 고지키에 있는 미와 산(三輪山)과 관련된 설화.

이러한 성격은 에도 시대가 되어도 문학 속에 그 흔적을 남기고 있다. 사이카쿠의 『쇼엔오카가미』 별칭 『고쇼쿠니다이오토코(好色二代男)』의 한 일화이다. 유명한 고쇼쿠이치다이오토코[13] 요노스케의 뒤를 잇는 니다이오 토코 요덴(世伝)은 한평생을 미인 탐방과 미녀를 찾아 돌아다니다 결국 '마 쓰마에노시마(훗카이도)'에까지 건너가게 된다. 그곳에서 일행은 갑자기 신 비한 한 여성을 만나게 된다.

산기슭 저 멀리 날이 밝아 오자 겨울에 핀 등나무 꽃처럼 안타깝고, 다가소 데(향목 이름)라는 향주머니의 얕은 향기가 나고, 아름답게 장식한 술도 색이 바래서 낙엽도 뒤섞여 있는 모습에 사람들은 모두 놀라 '의초부목의 망령인 가?'라고 다가가서 바라보니 '이곳부터 우스젠코지 절로 가는 길'이라고 적 혀 있었다.

조심스럽게 잡초를 헤치며 올라가 보니 초가집 지붕을 올린 불당에 불상만 안치되어 있다. 향이나 꽃을 올리는 스님은 한 명도 없었다. 둘러보니, 남쪽 구석에 교토 도시풍의 여인이 소매에 향이 가득 나는 모습을 의심하며 다시 보아도 인간임이 틀림없었다. "그대, 어떻게 된 일인가? 불가사의한 일이네" 라고 말했다.

「덴구가 사랑하는 산을 바라보는 일(天狗のつかむ恋の山見る事)」

마을에서 떨어진 초목이 시든 들판을 헤치고 들어가 '다가소데'라는 색 이 바랜 향주머니를 발견하고 '초목 정령'의 소행인가 하고 놀라며 앞으로 더욱 나아가 보니 한산한 초가지붕의 건물에 교토 분위기의 여자가 소매에 향을 머금고 편안히 앉아 있었다. 요괴인가 하고 의심했지만 틀림없는 인

---

13) 에도 시대 전기의 대표적인 문예 작품. 이하라 사이가쿠의 처녀작.

간. "왜 이런 곳에 있는 거지?"라고 수상한 생각이 들었는데 여자는 눈물을 흘리며 입을 열었다.

'제 고향에서는 사람 모습을 보는 것도 그립습니다. 저는 원래 수도에서 오사카 신마치 마타지로 님 저택으로 아홉 살 때 팔려가서 열한 살부터 견습 유녀가 되어 언젠가 다유에까지 오를 것이라고 생각했습니다. 그러나 가부라카 거리에 화재가 났을 때 연기 구름이 날리고 하늘에서 내려온 바람 구름에서 남달리 코가 높고 등에 날개를 단 사람에게 납치되어 꿈인지 생시인지 모르는 사이에 이곳까지 끌려왔습니다. 야마부시의 형상을 한 그는 나를 농락하며 지냈습니다. 이렇게 나날을 보내며 살아오다가 밤에 호객하는 것도 잊어버렸습니다. 그 당시 긴사쿠 견습 유녀가 바로 소첩입니다.'

그녀는 '언젠가 다유까지' 오를 수 있던 촉망받는 어린 유녀였는데 오사카 신마치에 불이 난 밤에 연기에 둘러싸여 하늘에서 찾아온 '코가 높고 등에 날개를 단 사람'에게 납치되어 아내가 되어 버렸다는 것이었다. 사람이 아닌 자의 아내가 된다. 틀림없이 마쓰라 사요히메 전설과 같은 모티브이다. 요텐은 '미녀를 운명적으로 만날 수 없다'고 투덜거린다. '전국의 미인

도리이 기요나가(鳥居清長), 「겐로쿠 시대 유녀의 벚꽃놀이(元禄遊女の花見)」, 에도 시대, 도쿄국립박물관 소장본.

문서'에는 교토, 오사카, 에도에 있는 유명한 다유들의 이름이 적혀 있다. 요덴이 "그러고 보니 조로[14](= 유녀) 외에 미인은 없다"라는 부분은 유녀라고 하는 존재만이 신을 홀릴 수 있는 아름다움을 지니고 있고, 신성한 결혼의 신부가 될 수 있다고 하는 민속적 배경이 사이카쿠 개인의 창작 틀을 넘어 노출되고 있다.

유녀가 태어난 땅이 최북단의 홋카이도라는 타계적 공간이었던 점도 주목할 필요가 있다. 이곳은 아름답기로 유명한 마쓰시마도 미치지 못할 정도의 경승지였다.

> 바다 포구의 경치, 에조가치시마의 소나무가 보이는 바위, 자연의 아름다운 모습, 수없이 밀려오는 파도에 아름다운 조개, 붉게 물든 구름과 자주색 바람에 눈길을 빼앗기고 저녁 해가 먼바다에 떨어지면 여덟 가지 색의 옥구슬을 씻는다. 늙은 나무에 푸른 용은 움직이지 않고, 스사키 지방 금조새는 사람을 알지 못한다. 이러한 풍경과 비교한다면 마쓰시마는 해변도 아니다.

소나무의 아름다운 모습, 아름다운 조개껍데기, 팔색 구슬 등 정토를 모방한 성스러운 타계의 풍경에 유녀가 모습을 드러낸다. 그녀 자신은 이미 현세를 뛰어넘은 존재로 바뀌어 있다. 미인의 명부를 요덴에게 전하자마자 그녀는 "어느 사이엔가 사라지고 삼나무 숲 나뭇가지에 바람 소리만" 들린다. 그녀는 이미 보통사람은 아니다.

사람이 아닌 자의 아내로서 성스러운 결혼식을 마치고 신부가 된 유녀는 마침내 타계로 모습을 감춘다. 여기에 죽어서 타계로 전생해 보살이 된

---

14) 에도 시대의 창녀 계급의 하나.

유녀의 전승(제1부 제2장)이 영향을 주고 있다. 프레이저는 『황금 가지』에서 물의 정령에게 산 제물로 바쳐진 여성이 현세를 떠나는 것으로 신의 아내가 된다고 하였는데, 똑같은 종교적 배경이 유녀의 전승에도 작용하고 있다.

『히젠노쿠니후도키』에서 사데히코로 모습을 바꾼 늪의 뱀과 관계를 맺은 오토히히메코도 마지막에는 죽게 된다. 그녀의 친족이 소식을 듣고 늪에 도착해 보니 뱀과 오토히히메코는 보이지 않고 단지 늪 바닥에 '사람의 유골만'이 있었다. 사람들은 입에서 입으로 '오토히히메코의 **뼈다**'라고 전하며 묘를 만들어 납골했다고 한다.

신의 아내가 되는 유녀의 전승은 에로스적인 성과 죽음의 일체화를 구현하면서도 성스러운 성의 실천자인 유녀의 모습을 살짝 드러내 보여주는 것이다.

4. 바위가 된 여자

성혼담과 필적하는 마쓰라히메와 관련된 또 하나의 후일담이 남아 있다. 그것은 그녀가 너무 슬픈 나머지 바위가 되어 버렸다고 하는 이야기이다.

> 긴메이 천황 시대에 오토모노 사데히코가 임나를 건너가기 위해 이곳 마쓰라에서 배를 타고 나갈 때 그의 아내인 사요히메는 이별을 아쉬워하여 다카네 봉우리에 올라가 히레를 흔들고 슬퍼하였는데, 머리 숙여 울고 있는 모습이 그대로 바위가 되었다고 한다.

이 바위를 신체(神體)라고 여겨 신사에 모시게 되었다. 매우 흥미로운 점은 비슷한 유형의 전승이 『소가모노가타리(曾我物語)』[15]의 유명한 유녀 오이소 지방의 도라고젠(虎御前) 이야기이다.

> 옛날 옛적에 이곳에 도라(호랑이)라고 불리는 유녀가 소가주로 스케나리와 정을 통하고 있었다. 세상 사람들 이목에는 보기 드물게 정숙한 여인으로 알려져 있었다. 스케나리가 죽은 다음 도라는 이별을 슬퍼하며 아름다운 큰 바위가 되었다고 한다.
>
> 『운코시(雲根志)』[16]

소가주로 스케나리와 친했던 유녀 도라고젠도 남자와의 이별을 슬퍼해 바위로 변해 버렸다. 그 바위는 '도라가이시'라고 명명되어 역시 절에 봉납되었다.

인간이 돌로 변하는 것은 절대로 불가능한 현상으로 보이지만 이러한 종류의 전승은 미나모토노 요시쓰네와 헤어진 시즈카고젠에게도 전해지고 있다. 야나기타 구니오는 맨 먼저 이 공통성에 주목하여 돌은 도소신(道祖神)의 상징이라고 판단하였다. 유감스럽게도 야나기타는 도소신을 '정욕의 신'으로 생각하여 그에 관련한 종교성은 언급하지 않고 막연하게 신앙과 가무를 관장하는 여성의 존재를 전승의 배경에 상정하는 데에 그치고 말았다. 그러나 '정욕의 신'이 성스러운 성의 존재라는 것을 인정한다면 야나기타가 가정한 여성들의 성격을 보다 정확하게 파악할 수 있을 것이다.

도소신이란 이즈미 시키부의 장에서도 본 것처럼 종종 자웅동체(남녀 쌍체)의 형태를 취하는 성적 교섭이나 성적 기관의 성스러운 힘을 구현하는 신

---

15) 군키모노가타리(軍記物語) 12권 또는 10권. 작자 미상
16) 돌에 관련한 박물지.

이다. 신체가 돌이라는 것은 고대 서구에서 경계나 사거리에서 성적 위력을 과시하는 석상 헤르마이[17](프리샤우어의 『세계풍속사』)와 본질적으로 일치하고 있음을 떠올리게 한다. 엘리아데도 『종교학개관』에서 서구의 돌의 상징성에 대하여 논하고 있지만, 일본에도 남녀의 성기를 닮은 음양석을 숭배하는 신앙이 존재하고 있다.

유녀의 화석담이나 『히젠노쿠니후도키』에 보이는 요타히메(世田姫)라는 이시가미(石神)의 이야기, 또 마쓰라 지방에서 진구 황후(神功皇后)가 바위 위에서 물고기를 낚는 전승 등에서 이야기되고 있는 돌은 이상적으로는 양성구유의 영력을 상징하고 있다고 생각된다. '마쓰라 사요히메'라는 이름으로 전해지는 여성들이 성스러운 성과 관련되고 있었다는 것은 화석담이라는 설화 유형에서도 잘 알 수 있다.

5. 야마히메, 사랑의 표시로 옷을 걸어 두다

마쓰라히메 전승과 산의 관계도 유녀들의 종교적 성격을 암시하고 있다. 사요히메는 산 위에서 히레를 흔들며 그 사적을 산의 이름으로 남겼다.

머나먼 사람 마쓰라 사요히메
임이 그리워
히레 흔들던 때 서 있던
산에서 노래하는 사요히메
산 꼭대기에서 흔드는 히레 자락

---

17) 그리스어 ἕρμα, herma, 돌 또는 테라코타로, 기둥 위에는 헤르메스의 흉상이 있다. 턱에는 수염을 기르고 몸체에는 남성의 성기가 붙어 있다.

산의 이름으로 입으로 전하라고 사요히메는

이 산 정상에서 히레 흔들었겠지

『고쇼쿠니다이오토코』의 요텐도 산속에서 텐구에게 잡힌 미녀를 만났고, 『사라시나닛키』[18]에 등장하는 아름다운 목소리의 유녀들도 섬뜩한 산속에서 홀연히 모습을 드러낸다. 산은 장소 자체가 타계적인 공간으로 사람이 아닌 존재가 출몰하는 가능성이 있는 장소이며, 그곳에 짙게 깔린 안개는 야마히메(山姬)[19]의 옷으로 비유되기도 한다.

봄 가다 오면 산기슭도 안 보이는 사호야마 산

안개로 만든 옷이 걸려있다네

변해 가는 봄날의 저 경치는 사호히메의

안개로 만든 옷소매 뒤집어 보이겠지

사호야마 산에 산다는 공주 사호히메(佐保姬)의 안개 옷은 와카의 소재로 즐겨 사용되고 있다. 저 먼 곳에 안개가 하얀 옷처럼 자욱하게 깔린 이미지는 어딘가 마쓰라히메가 흔들었던 히레가 나부끼는 모양을 떠올리게 한다. 사호히메와 사요히메, 발음도 닮은 이 야마히메들의 '가미마쓰리'는 요쿄쿠 안에서 유녀의 가미아소비와 융합된다.

이것이야말로 고보히메의 사요카구라 때마침 울리는 북소리들에 가구라 한

구절인 사요의 노래를 부르고 싶구나. 유녀의 노랫소리도 신묘하다. 아마오

---

18) 헤이안 시대 중기(1060년) 일기. 스가와라노 다카스에노무스메(菅原孝標女)의 작품. 전 1권.
19) 산을 지키고 지배하는 여신.

토메…… 먼 곳 달빛 아래 떠운 배의 손에 익은 노, 야마히메의 옷소매 밀려
오는 안개의 얇은 옷…….

신묘한 목소리로 가미아소비, 가구라를 노래하는 무녀와 유녀의 이미
지는 같다. '달빛 아래 떠운 배 손에 익은 노'가 암시하는 뱃놀이하는 유녀의
모습은 그대로 무로기미[20]의 신제와도 상통한다.

잘 맞지도 않은 옷을 입은 사람도 없어졌는데, 왜 야마히메는 옷을 내보일
까. 사호야마 산바람은 한적하게 불며 햇빛도 아름다운 천지가 열린 것도
강물에 내려놓은 노에는 물방울이 떨어지네.

무로기미가 읊는 노래에는 사호의 야마히메의 옷소매가 생생하게 드러
나 있다. 그리고 옷은 '해로 윤을 내고 바람에 빛바랜 아름다운 옷'으로, 또
한 '은빛으로 빛나고 색다른 향기가 풍기는 실로 기묘한 흰 옷이다. 잘 보면
옷의 이음새도 없는' 이 세상 물건이 아닌 옷이자 인간이 만들지 못하는 옷
이었다.

바람에 휘날리며 마법의 힘을 발휘하는 옷은 그 자체로 이미 신성하다.
와카모리 다로(和歌森太郎)는 여자가 몸에 걸치는 옷에는 특별한 마력이 있
다고 믿어서 마쓰라 사요히메의 히레후리는 배 여행의 안전을 기원하는 것
과 남자의 혼을 붙잡아 두는 두 가지 의미가 있었다고 한다. 나아가 유녀가
정든 손님과 이별할 때 몸에 지닌 천을 건네는 것도 이러한 민속신앙의 흔
적이라고 지적하고 있다. 앞서 언급한 유랑 유녀[21] 고지마가 소맷자락을 흔
들며 노래하는 것이나 아와타메노오토메의 '옷소매에 기원을 담겠다'는 표

---

20) 하리마(播磨)에 살던 유녀.
21) 각지를 돌아다니며 가무로 연회를 즐겁게 한 유녀.

현을 보아도 천, 특히 옷소매에는 주술적인 힘이 있다는 것을 알 수 있다. 이 것은 아마도 선녀가 입는 날개옷과 상응하는 것이 있겠지만 야마히메의 옷 은 산 그 자체가 갖는 특수한 성역으로서의 측면과 천의 신성함이 일체화되 어 있는 것이다.

동시에 야마히메의 모습은 제1부 제1장에서 서술한 성에 관련된 산에 사는 여신의 시현이라고도 볼 수 있다. 야만바[22] 전설에 입각하고 있지만 역시 유녀와 연계되어 이야기되는 점이 주목된다. '야만바의 춤'을 추는 유 녀에게 진짜 야만바의 모습을 보여주려고 나온 야만바는 기묘한 목소리로 "어떻게 하면 우리도 윤회를 벗어나 미혹 없는 그곳에 다다를 수 있을까"라 며 불법을 찬송한다. 『사라시나닛키』에서는 산속에 등장한 유녀가 신묘한 노랫소리를 선보인다. 그 산이 다마쓰시마와 기부네 지역에 있는 '부부의 해로'를 이어 주는 신 아시가라묘진(足柄明神)의 산이었다는 것도 상당히 함 축적이다. 아시가라는 가미우타(神歌)로도 널리 알려져 있다.

유녀가 산속에서 수행한 흔적도 보이지만(고라이 시게루), 타계로서의 산 과 신격화된 여신이 산속에 출몰하며 가무를 관장하는 유녀의 모습과 중복 되면서 주술적인 옷과 돌의 이야기, 혹은 성혼의 이야기로서 전개된다.

사랑하는 사람과 이별을 한탄하는 마쓰라히메. 눈물을 흘리는 그녀의 모습에도 종교적 힘을 관장하는 유녀의 모습이 어른거린다.

> 수많은 세월 전해져 내려온 이 높은 산에서
> 히레를 흔들었던 마쓰라 사요히메

---

22) 야만바(山姥) : 깊은 산속에 사는 사람을 잡아먹는 귀녀. 원래는 대지의 여신이 요괴 로까지 지위가 낮아지게 되었다.

노래 속 마쓰라 사요히메는 성스러운 유녀들의 대표자로서 대대로 전해지고 있다.

VII 유녀 다에 이야기

—무상에 대한 깨달음

1. 기약도 없는 만남

만요 시대를 거쳐 중세에 이르면 유녀들이 노래한 가요에 그녀들의 심정이 더욱 적나라하게 그려지게 된다. 누군가를 그리워하는 것이 아니라 자기 자신을 노래하는 여자들.

유녀가 좋아하는 것
잡기, 작은 북, 작은 배
큰 우산, 비녀, 여자 뱃사공
남자와의 사랑을 기원해주는 다유 햐쿠

제1부에서도 언급한 『료진히쇼』에는 유녀의 생활을 그리고 있다. 커다란 우산을 씌운 작은 배에서 북을 안고 노래하는 나이든 여자가 노를 손에 쥔다. 그녀가 진심으로 바라는 것은 남자의 사랑.

사랑하는 것은
하늘에는 직녀성
들판에는 산새, 가을에는 사슴
스쳐 지나가는 임들

겨울에는 원앙새

하늘에도 땅에도 사랑하는 만물이 숨 쉬고 있다. 들판에는 산새와 사슴이
울고 있고, 강가에는 흘러가는 유녀들이 남자의 사랑을 기다리고 있다.

스마 포구에 올려 말린 그물 한 코는 아니지만
한 번만이라도 만난 적이 있기 때문에
그리워지는 것입니다

이 여성들은 항구 마을의 유녀였을 것이다. 스마 지방 해안에 널어 놓은
어망 눈에 빗대어 첫눈에 반한 마음을 이야기하고 있다. 유녀에게는 사랑
자체가 직업이기 때문에 관심이 있는 척하며 노래로 남자를 유혹하는 것으
로 생각할지도 모르지만 단지 그렇게만 결론을 지을 수는 없을 것 같다.

내 사랑은 그제도 보이지 않고 어제도 오지 않고
만약 오늘 오지 않는다면
내일 이 지루함을 어떻게 할까?

손님이 오지 않는 무료함을 한탄하는 것처럼 보이지만 그 뒤편에는 진
지한 마음이 배어있기도 하다. 때로 그녀는 남자에게 매서운 말을 던지고
싶은 마음도 들 것이다.

나를 만나러 오지 않는 남자는
뿔이 세 개 달린 도깨비가 되어라
그래서 사람들이 싫어하게 되어라
성애 눈, 싸라기눈 내리는 미즈다시마 섬이 되어라

그래서 발이 차가워져라 연못에 떠 있는 부초가 되어라

그래서 흔들려 가고 흔들려 흔들려서 걸어가거라

찾아주지 않는 남자에게 어느덧 욕설을 퍼붓는다. 한동안 '밤에 찾아오지 않던' 남자가 찾아오자 '잠시 침실 밖에 서 있으세요. 벌을 받으세요, 새벽까지……. 회개하더라도 조금도 내보이지 마세요'라고 벌을 주고 싶어한다. 그렇지만 아무리 강한 척해도 결국은 여자.

아즈마야 건물 끝자락은 아니지만

끝내 아내가 되지 못하는데도

왜 마룻대처럼 마음을 마주하여 만나기 시작했을까

유녀가 남자와 가까워지면 가까워질수록 반대로 괴로워지게 마련이다. 그럼에도 불구하고 어째서 남녀 관계를 이어가는 것일까?

물때가 묻은 나무처럼 물에 익숙해지고

하구에 익숙해져 헤어진다면

그리워하지 않게 되련만 너무나 익숙해져 버려서

너무 친근해지면 이별이 애절해질 뿐이다. 이마요를 노래하는 목소리는 매우 아름다워서 신에 근접할 정도의 기예였지만, 노래는 또한 그녀들의 자화상이기도 했다.

약 350년 전 고우타집(小歌集) 『간긴슈(閑吟集)』[1]에서도 같은 마음을 읽을 수 있다.

---

1) 무로마치 후기의 가요집.

다만 다른 사람과는 친숙해지지 않아야 한다
친숙해진 다음에 헤어질 수 있어야 하는 것이 것이 것이 것이 것이⋯⋯
중요한 것인데

강 위에 가릉빈가(迦陵頻伽)의 목소리가 울려 퍼진다. 유럽 전설 속 세이렌처럼 여행하는 남자들을 현혹하는 유녀이지만, 설령 마음을 허락한 남자가 생겨도 대다수는 하룻밤의 인연으로 끝난다. 그렇다면 섣불리 정을 주지 않는 편이 좋을지도 모른다. 노래에서는 '것이'라는 구절의 반복이 애절하게 들린다.

울적하다는 둥 그립다는 둥
정은 이 몸의 원수가 되네

인간적인 감정은 『료진히쇼』보다 더욱 공공연하게 그려지고 있다. 성스러움과의 연결 고리를 풀어버리고 하늘에서 이승으로 내려온 노랫소리.

말씀드렸지요
말씀드렸지요
이 몸이 이 몸이기 위해서는
말씀드렸지요

신분이 같은 사람이라면 자신들의 마음을 자세하게 말하겠지만, 유녀는 보잘것 없는 자신들의 처지를 잘 알고 있었다.

내 처지가 보잘것 없는 것도
님을 사모하는 것도
그만두지요
가련하게도
한바탕 소나기가
우수수 흩날리며 내리네

자기 분수도 모르고 남자를 그리워 해봐도 보람 없는 것을. 놀랍게도 여기에는 소맷자락을 흔드는 것조차 자기 신분을 생각해서 삼가 하던 마쓰라 사요히메의 기억이 너무나 선명하게 살아있지 않는가?

강 나룻배를
세워서 맺게 된 선상의 만남
세워서 맺게 된 선상의 만남
괴로운 이 세상의 꿈에 익숙해져서
놀라지 않게 된 이 몸의 허무함이여
사요히메가 마쓰라 갯벌
한쪽에 펴둔 옷소매의 눈물이
중국 가는 배의 옛 흔적이로구나

『에구치(江口)』

무릇 풍류를 좋아하는
집에 태어난 이 몸은
잡목이 우거진 집에서 남몰래
많은 일이 일어난 침소 안에서
훌륭한 나무로 만든 문을 밤낮으로

되돌아오지 않는 님을 마쓰라히메

밤중에

잠이 깬 침대에서

같이 해도 같이 할 수 없는 하룻밤 아내와

만나고 헤어지는 것을

어찌 유녀라고 할 수 있으리오

『아이주(愛寿)』

요쿄쿠의 시어에도 사요히메의 모습은 남아있었다.

연모의 정을 호소하는 이마요와 고우타는 많지만, 인연을 맺은 기쁨에 넘치는 노래는 많지 않다. 만나지 못하는 남자, 찾아오지 않는 남자에 대한 애절한 마음이 자주 노래로 나타난다. 유녀들 목소리에 설득력이 있는 것도 그녀들의 입에서 나오는 노래 하나하나에 자기 마음이 담겨 있었기 때문일 것이다. 마음의 안식처가 되는 사람이 있더라도 다만 기다릴 수밖에 도리가 없다. 만요 시대부터 유녀들은 기약도 없는 만남에 우는 여자들이었다.

2. 흘러가는 것과 무상

유녀들의 처지를 가장 훌륭하게 표현한 것이 '흘러가는 여인(流れの女)' 이라는 표현이었다.

정처 없는 속세라고 말은 하지만

괴로운 마디 많은 강가 대나무처럼

흘러가는 이 몸이야말로 슬프구나

『한조(班女)』²⁾의 하나코는 울부짖는다. 유녀를 "흘러가는 여인(流れる女)"
이라고 부르고, 유녀가 하는 일을 "흐름을 만든다(流れを立てる)"라고 한다. 매
춘부를 뜻하는 수많은 다른 이름이 있었지만, 이 표현은 문학적으로 즐겨
사용되었으며 시대적으로도 오랫동안 사용됐다. 웃음을 파는 여자(売笑婦)
라는 호칭에 대해서는 미야타케 가이코츠(宮武外骨)의 『매춘부이명집(売春
婦異名集)』에 다음과 같이 상세하게 나와 있다.

> 흘러가는 님
> 떠돌이 여인인 창녀는 우카레기미가 변한 것이다. '떠도는 여인' 또는 '흘러
> 가는 여인' '흘러가는 유녀' '강 대나무처럼 흘러가는 몸' 등과 같이 불린다.
> 배 위에서 매춘하는 여인이라는 뜻이 아니라 유랑하며 떠돌아다니는 여인
> 이라는 뜻이다.

유녀라는 말에는 유랑하는 여자라는 의미가 포함되어 있다(제8장 참조).
그러나 문학적으로는 보다 심오한 뉘앙스가 숨겨져 있다.

그녀들은 애초부터 이러한 세상을 무상하다고 말하지만 우리만큼 정처
없는 몸은 어디 있느냐고 호소한다. 하지만 자신뿐만 아니라 세상 모든 일
이 허무한 것, 무상한 것으로 생각한다면 또한 한순간의 꿈이라고 생각한다
면, 그래도 비참한 자신의 처지를 견디며 살아갈 수 있다.

> 오지 않는 것도 좋고
> 꿈속에서 이슬 같은 몸으로

---

2) 요쿄쿠. 제아미 작품으로 사랑하던 요시다에게 버림받은 하나코가 미쳐서 다시 그와
   만나는 이야기로 구성되어 있다.

만나는 것도 밤에 치는 번개 같구나

『간긴슈(閑吟集)』

　그분은 오지 않으시려나…… 아니 그것도 상관없어. 꿈같은 이 세상에서 하물며 언제 사라질지도 모르는 이슬 같은 처지. 만약 직접 만난다고 하더라도 번개 같이 짧은 한순간에 지나지 않기 때문에. 그래 기쁨도 슬픔도 결국 꿈속의 일일 뿐이야.

　괴로운 일도 한때
　즐거운 일도
　깨어나 보면
　꿈이었구나

이렇듯 유녀들은 이 세상이 무상하다는 감각에 사로잡혀간다.

　조릿대의 조릿대로 만든 집에 오는 장맛비
　어머나. 운명인가요
　괴로운 이 세상이로군요

'무상'에 대한 탁월한 은유가 물, 그것도 흘러가는 물이었다.

　흘러가는 강물의 흐름은 끊이지 않고
　게다가 원래 그 물이 아니네
　웅덩이에 떠 있는 물거품은
　한쪽에서는 사라지고 한쪽에서는 만들어지며
　오랜 세월 동안 멈추는 법이 없네

윗글은 유명한 『호조키(方丈記)』[3] 이다. 공자도 강가에서 "가는 사람은 이와 같은 것인가. 낮과 밤을 두지 않고"라고 말했다. 강물의 흐름은 사람들에게 변하기 쉽다는 인상을 주었고 유녀도 예외없이 그렇게 받아들였다.

> 좋아 바라지 말아야지 흘러가는 물처럼
> 빨리도 변하는 사람의 마음

빨리도 변하는 남자 마음을 그녀들은 흘러가는 강물에 빗대고 있다. 늘 강에서 배를 타고 있었던 그녀들에게 흐르는 강물은 누구보다도 친숙한 것이었다.

> 오늘 아침 폭풍은
> 폭풍이 아닌 것 같아요
> 얕은 오이가와 강물 소리 같지 않나요?

'저것은 폭풍이 아니라 오이가와 강의 물소리 같지 않나요?' 강물 소리에 잠이 깬 아침 침대 위에서 여자가 남자에게 속삭인다. 그리고 미나토가와 강물의 흐름이 약해지자, "강의 상류가 얼은 것일까"라고 허전함과 몸의 차가움을 노래한다. 기회가 있을 때마다 유녀들의 마음은 흐르는 강물과 뒤엉키고 있다.

미야타케 가이코쓰는 "'흘러가는 몸'은 배 위에서 매춘하는 여인이라는 뜻이 아니다"라고 기술하고 있지만, 유녀들을 둘러싼 생활환경과 '흘러가는 몸'이라는 은유와는 결코 떼어놓을 수가 없다. 그녀들은 자신들의 처지

---

3) 1212년에 쓰인 가마쿠라 시대 전기 수필.

에 빗대어서, 아침저녁으로 몸을 맡기는 강물의 흐름을 가모노 초메이(鴨長明, 1155~1216)[4]나 공자보다도 깊은 무상감을 느끼며 바라보고 있었을지도 모른다.

유곽에 둘러싸인 근세에 이르러서도 단어가 가진 덧없음과 무상함의 울림은 계속 살아 숨쉬며 문학을 물들였다.

수만 명의 사람들 마음에 기원을 담아서 신들 자신조차도 아아 바쁘시구나
더욱이 흐르는 강물 허무함은 나날이 바뀌는 나의 일도 오늘도 고통이 가득
한 속세 신사에 참배하러 도톤보리를 하느님으로

지카마쓰 몬자에몬(近松門左衛門)의 『이쿠타마신주(生玉心中)』의 시작은 죽어야만 하는 유녀의 가련함을 예견하는 것처럼 흘러가는 몸으로 화류계의 슬픈 임무를 다하는 오사카의 모습을 그려낸다. 신들조차도 사람들의 믿음을 모아서 들어주려고 바쁜 나날을 보내는 때인데, 더구나 날마다 바뀌는

유녀와 흘러가는 물의 일체화를 시각화한 그림

남자를 상대하지 않으면 안 되는 유녀들은 쉴 틈도 없이 오늘도 손님에게 이끌려 신사참배를 한다. 더 이상 유랑민은 아니지만 오히려 유곽 안에서 자유를 빼앗긴 몸의 '서글픔'이 늘어나는 것은 '흘러가는'이라고 하는 말의 여운이 빚어낸 무상함과 겹쳐져 사람들의 마음에 호소한다.

---

4) 가마쿠라 시대 전기의 가인

유녀의 가련함과 '흘러가는' 이미지는 하나였다. 미야타케 가이코쓰는 이러한 일체화를 유머러스하게 시각화한 그림을 소개하고 있다. '흘러가는 몸'의 문학적인 효과는 오로지 비극적인 여운에 있으며 유녀의 괴로움을 이야기할 때에 즐겨 사용되어 정취를 고조시킨다.

나는 사람이기에
나의 자식은 소중한 것
특별히 생각하는 사람을
관심 없는 사람이라고 말하는 것은
어찌 마음이 편할 수 있을까
이는 흘러가는 내 처지의 괴로움

사랑하는 남성과의 사이에서 생긴 아이를 다른 남자의 아이라고 거짓을 꾸미지 않으면 안 되는 『유기리아와노나루토(夕霧阿波鳴渡)』[5]의 다유 유기리의 슬픔.

'하룻밤 흘러가는 집 앞 매화'라고 불리며 날마다 바뀌는 남자와의 만남을 '흘러가는'이라고 비유하는 발상도 생겨났다. 『시키도오가카미(色道大鏡)』[6]를 쓴 후지모토 기잔(藤本箕山)[7]도 다음과 같이 기술하고 있다.

---

5) 닌교조루리. 세와모노. 지카마쓰 몬자에몬의 작품으로 1712년에 초연되었다. 오사카의 유녀 유기리(夕霧)와 후지야이자에몬(藤屋伊左衛門)과의 사랑을 그린 작품.
6) 1678년 후지모토 기잔(1628−1704)이 쓴 유녀평판기.
7) 일생을 이로미치(色道) 수립과 체계화에 받친 교토의 상인.

허무하게 흘러가는 신세가 되어

모르는 사람들과 인연을 맺어도 마음에 두지 않고

미색으로 꾸미고 꽃으로 치장하여

겉으로는 감미로운 노랫말을 기교롭게 읊조린다

'미색으로 꾸미고 꽃으로 치장하'여 허무함을 숨긴 요염함을 유녀에게서 엿보면서, '모르는 사람들과 인연을 맺어 마음에 두지' 않는 그녀들이 가진 애정의 존재 방식을 '흘러가는'이라고 해석하고 있다. 마음을 억제하면 억제할수록 유녀에게 괴로운 일이라는 것을 기잔도 알고 있었을 것이다. 때문에 '허무한' 것이다.

눈먼 물떼새

수많은 물떼새

우는 것은 우메가와 강 물떼새

강물의 흐름과 내 운명을

사랑에 빠졌다는 뜬소문만

나니와 지방에

남겨두었네

『메이도노 히캬쿠(冥途の飛脚)』

지카마쓰는 유녀를 '우메가와' 강물에 비유하고 전통적인 '흘러가는 몸'이란 이미지를 입혀 애인과 함께 체포된 유녀의 레퀴엠을 장식하고 있다.

3. 출가와 유녀

우지가와 강여울의 물레방아는
어떻게 이 괴로운 세상을 돌아가는지

시시각각 변하는 강물 흐름을 따라 돌아가는 물레방아 소리를 들으며 유녀는 작은 목소리로 읊조린다. "너는 기특하게도 그렇게 계속 돌아가고 있구나. 어떻게 그럴 수 있을까. 나는 이 괴로운 세상을 잘 살아가지 못하고 있는데." 흘러가는 무상함을 절실히 알고 있는 기약 없는 운명은 단지 괴로울 뿐이었다. 그것은 동시에 허무한 꿈속의 덧없는 세상이기도 하였다.

스마와 아카시의 밤 물떼새
세상을 원망하며 울뿐이네
이 내 몸, 이 내 몸이
한 번은 허무한 세상에
한 번은 깊은 산 속에

만나고 싶은 사람을 만나지 못하는 원망, 곁에 있고 싶은 사람의 곁에 있지 못하는 원통함, 홀로 보내는 긴 밤에 대한 서글픔, 짧은 밀애에 대한 원한 등 가슴 깊이 쌓여가는 마음은 물떼새의 쓸쓸한 소리에 투영되고 있다. 유녀 무로기미가 노래하는 '괴로운 세상의 한 구절'에도 '저녁 파도 위의 물떼새' 울음소리가 더해진다.

그러나 이 '원한'은 앞에서도 언급한 『료진히쇼』의 '나를 만나러 오지 않는 남자'처럼 이러쿵저러쿵 잔소리로 남자를 들볶으며 공격적으로 발산하는 원한이 아니다. "아, 아, 이 몸 하나는 이 괴로운 세상에 머무르게 되어도 단 한 번이라도 세상을 버리고 깊은 산으로 숨어 살 수 있다면"이라고 마지막에 출가를 기원하는 것으로 노래는 이어진다.

『센주쇼(撰集抄)』[8]에 그려진 유녀의 고백에는 이런 유녀의 심경이 적나라하게 표현되어 있다.

> "어렸을 때부터 유녀가 되어서 언제나 그렇게 행동해 왔습니다. 그렇지만 사실은 저의 본의가 아니라고 생각하고 있었습니다. ……저녁에는 왠지 슬퍼지고 저절로 눈물을 흘리기도 했습니다. 잠시 머무는 이 괴로운 세상에서 살아가야 하는 것은 아무 소용없는 일이라고 생각됩니다. 새벽에는 마음이 맑아지고 이별을 그리워하는 새들의 울음소리가 더욱 가련하게 느껴집니다. 그렇기 때문에 저녁에는 오늘 밤이 지나가면 어떻게든 되겠지 하고 생각합니다. 다시 새벽이 오고 다시 밤이 밝으면 다시 마음이 바뀌어서 어떻게 되겠지 하고 생각하게 됩니다. 세월이 지나 익숙해진 이 세상도 눈 내린 산에 사는 새와 같은 심경으로 오늘로 무정하게 끝나버린 슬픔"이라고 훌쩍이며 울고 있었다.

「에구치 유녀가 비구니가 된 이야기(江口遊女成尼事)」

"어릴 때부터 유녀 일을 시작해 지금까지 왔습니다만, 정말로 제가 바라는 것이 아니라는 것을 잘 알고 있었습니다." 예상하지 못한 스님의 방문에 에구치 유녀는 무심코 자신의 진심을 절절히 말하기 시작한다. "이별을 아쉬워하는 새들 울음소리가 더욱 가련하게 느껴집니다"라는 『간긴슈』노래와 서로 통하는 구절로 "잠시 머무는 이 덧없는 세상에서 언제까지 살아야

---

8) 1264~1275년경에 만들어진 가마쿠라 시대 불교설화집. 총 9권으로 사이교(西行)의 작품이라고도 하지만 작자 미상.

하는가"라는 우키요의 체념에서 출가의 기원으로 이끌어 가는 것이다.

이것은 소나기 때문에 우연히 유녀의 집에서 잠시 비를 피하게 된 사이교와 그 집에 사는 유녀의 만남을 이야기한 에피소드이다. 언제나 호색이 넘쳐나는 집에 드물게 스님을 손님으로 맞아들인 유녀는 어쩌면 구원을 받을지도 모른다는 생각에 울며 비구니가 되려는 마음을 고백한다.

비를 피하려고 이 집에 우연히 들어온 사이교를 에구치 유녀는 처음에는 거부하였다. 이에 사이교는 다음과 같이 노래하기 시작한다.

세상살이를 버리는 것까지가 어렵겠지요
하룻밤 잠자리조차 꺼리는 당신이군요

사이교

속세를 버리라고는 말할 수 없지만, 그가 비를 피해 들른 집이 안타깝다고 생각하는 것은 무슨 의미일까? 사이교는 아무래도 그녀를 업신여겼던 것 같다.

세상을 버린 사람이라 들었기에 하룻밤 잠에
마음 두지 말라고 생각할 뿐입니다

유녀 다에

"세상을 버린 분이라고 판단했기 때문에 이 같은 집을 찾아오시지 말라고 말씀드리고 싶었던 것입니다"라고 대답한 그녀는 사이교를 '서둘러 안으로 들어오게' 한다.

유녀 다에(妙)의 와카를 읊조리는 소리는 재주가 넘쳐 난다. 『신고킨슈』

와 『산카슈(山家集)』⁹⁾에서 보이는 두 사람의 유명한 노래 문답이 '세상을 버린다'는 주제로써 전개하고 있다는 점은 중요하다.

> 산속 깊숙이 마음은 예전부터 보내두었네
> 이 몸만 괴로운 세상을 떠나가지 못하고 있네
>
> 『산카슈』

이 세상을 괴로운 세상이라고 믿고 있던 사이교의 마음은 이미 세속과 멀리 떨어진 깊은 산에 있으므로 결국 그는 출가하게 된다. 그의 진정한 마음을 가장 잘 이해 할 수 있는 사람은 유녀밖에 없었던 것이다.

> 새조차도
> 괴로운 세상을 버리고
> 검은색으로 물들였는가
> 몸을 승복처럼 검게 물들였구나
>
> 『간긴슈』

새조차도 괴로운 세상을 버리고 검게 물들인 옷을 입고 있다. 그렇다면 나도 출가를 하자, 덧없는 세상을 버리자. 이러한 마음이 승려와 유녀를 굳게 맺어 주게 된 것이다. 유녀 다에가 사이교에게 마음을 터놓고 눈물을 흘리는 것도 그에게서 자기 마음과 통하는 것을 느끼고 있었음이 틀림없다. '속세를 버린 사람' 그런 분의 마음을 누구보다도 잘 알고 있다며 다에는 사

---

9) 사이교의 노래를 모은 헤이안 시대 말기의 개인집. 총 3권으로 편자 및 성립년도 미상.

이교에 대한 답가로 이렇게 호소하고 있는 것이다. 그녀의 진의는 『에구치』의 문장에서도 여실히 드러나고 있다.

> 사이교도 하룻밤 잠자리에서 말하기를 속세를 버린 사람이라고 하였다. 이처럼 호색이 가득한 집에서 마음을 두지 말라고 이야기하시는 것은 속세를 버린 사람에 대한 배려이구려. 어찌 하룻밤 잠자리를 아까워하지 않겠습니까? 저녁 무렵의 파도가 다시 돌아오지 않던 옛날처럼 오늘도 속세를 버린 사람의 이야기에 마음을 두지 마십시오.

유녀는 단지 출가한 스님을 집에 들이는 것을 주저해서 사이교를 거부하려고 한 것은 아니다. 사이교는 잠시 머무는 거처와 같은 이 세상을 버린 사람이고 또한 다에도 다른 사람들은 알지 못하는 호색이란 고생을 많이 한 여자이다. 다에는 사람들이 잠시 들렀다 가는 자신의 집을, 아니 이 세상을 사이교처럼 '잠시 머무는 거처'라고 절실하게 생각한다.

제1부에서는 유녀가 짊어진 성의 성스러운 차원이 유녀와 승려가 맺어짐으로써 이루어진 예를 소개하였지만, 그것과는 또 다른 측면에서도 두 사람을 연결하는 계기가 있었던 것이다.

다에는 결국 비구니가 된다. 야나기타 구니오는 유녀와 승려의 조합에 대하여 '깨달음을 깨우친 늙은 종교인과 욕망의 바다 해저에 산호인지 해초인지 알 수 없는 아름다운 여인 사이에 뜻하지 않은 조우를 보는 것'이 흥미로운 부분이며, 고승과 관련된 많은 설화 중에서 "가장 아름답고 동시에 화려한 기억만이 신앙과 나뉘어 문예와 손을 잡고 지금까지 남아 있다"라고 기술하고 있다. 하지만 승려와 유녀의 관계는 그 정도로 표층적인 레벨에 머무르지 않고 서로 깊이 호응하는 부분이 있었다고 볼 수 있다.

4. 죄가 깊은 몸

에구치 유녀의 애절한 출가에 대한 이유로 조금 더 주목하고 싶은 부분은 자기 직업을 스스로 '죄'라고 의식하는 곳이다.

> 죄업이 깊은 몸으로 태어나
> 그중에서도 영험도 적은 강 대나무의
> 흘러가는 여인이 된
> 전세의 과업까지
> 상상이 되는 것이야말로 슬픈 일이다

『에구치』

불교가 여자에게 음탕의 죄업을 부가한 것에 대해서는 제1부에서 언급하였지만, 특히 흘러가는 여인인 유녀가 되는 것은 죄 중에서도 큰 죄업이다. 이것도 전세의 응보일까?

> 에구치에서 흘러가는 여인으로 보이겠지, 부끄럽네요

여기에서 말하는 '부끄럽네요'도 일반적인 의미와는 다른 무거움을 느끼게 한다.

불교적인 시점에 바탕을 둔 성을 죄악시하는 충격적인 예를 소개하자면 『니혼료이키(日本靈異記)』[10]에 아래와 같은 설화가 있다.

'법화경을 필사하는 사경전문가가 음탕한 마음 때문에 실제로 무서운

---

10) 823년경에 만들어진 헤이안 시대 전기의 일본에서 가장 오래된 불교설화집. 게이카이(景戒)의 작품.

죽음의 업보를 받은 인연. 어느 사경전문가가 법화경을 옮기고 있었는데 갑작스레 하늘이 흐려져 비를 피하려고 좁은 법당 안으로 여자와 함께 들어 가게 되었다. 자신도 모르게 '음탕한 마음'이 일어나 여자와 몸을 섞게 되어 버린 사경전문가는 여자와 함께 '손을 잡고 함께 죽는' 천벌을 받게 되었다.

> 여인은 입으로 거품을 내면서 죽었다. 이는 불법을 지키기 위한 형벌임을 확실하게 알 수 있다. 애욕의 불이 심신을 태운다 할지라도 음란한 마음으로 더러운 행실을 하지 말지어다. ……"오욕의 법을 알고 있다면 환락을 구하지 못할 것이다. 잠시라도 이에 머무르려고 하지 않을 것이다. 개가 마른 뼈다귀를 씹으면서 만족하지 못 한다"라는 것은 이를 말하는 것이다.

여자의 죽는 모습이 사실적으로 그려져 있고 애욕을 '더러운 행실'로서 가차 없이 나무람과 동시에 개가 말라비틀어진 뼈다귀를 핥는 모습에 비유하며 통렬하게 비판하고 있다.

이러한 성적인 교섭에 대한 부정적인 평가는 육체 자체에 대한 경시를 의미한다. 현세적 욕망에 대한 집착을 구체화하고 있는 것이 육체라는 발상이 결국 육체의 '부정(不淨)'을 푸는 논의로 발전된 것이라고 할 수 있다. 일본에서는 정토종의 선구자인 겐신(源信)[11]이 일찌감치 이러한 부정관을 논하였다. 즉 『오조요슈(往生要集)』[12]의 상권 「염리예토(厭離穢土, 더러운 세상이 싫어서 떠남)」에서 '부정'에 대해서 말하기를

---

11) 헤이안 시대 중기의 천태종 스님.
12) 겐신이 985년에 쓴 불교서. 총 3권으로 경론 중에서 왕생의 요문을 발췌하여 왕생정토의 길을 설명하였다.

오근(五根)과 칠규(七竅)는 부정으로 가득 차 있다. ……밖으로는 단정하고 엄숙한 모습을 보이더라도 안으로는 온갖 부정을 감추고 있어서 오히려 그림을 그리던 병에 분뇨를 담은 것과 같다. ……똑바로 알아야 한다. 이 몸은 언제나 부정하다는 것을 사랑을 나누는 남녀도 모두 알아야 한다.

윗글은 지극히 작은 부분에 지나지 않는다. 인간의 신체는 병에 분뇨를 담은 것과 같다는 형용도 상당하지만, 그 외에도 인골을 '썩어 문드러진 집'으로, 대소장을 '독뱀이 똬리를 튼 모습'에 비유하여 육체의 각 부분을 기괴하게 기술하고 있다. 이야기는 남녀 사이의 애욕에 대한 허망함으로 결론을 맺는다.

오근(눈, 귀, 코, 혀, 몸)과 칠규(눈, 귀, 코, 입 등 일곱 개 구멍)라고 하는 감각기관 전체를 부정해 버리는 사고방식이 완성되면서, 오감의 관능적인 충족과 성스러운 세계를 함께 보는 축제적인 종교 세계는 점점 잊혀버린다. 중세 가요와 요쿄쿠의 세계에서 양자는 혼재하고 병존하며 과도기적인 양상을 드러내고 있다. 『센주쇼(撰集抄)』에서도 유녀(= 보현보살)의 이야기는 전승되어 유녀의 죄업관을 동시에 이야기하고 있다.

이슬과 같은 처지로 잠깐 살아간다 하더라도 부처님이 크게 훈계하고 있는 일을 해야 하는가? 이 내 몸 하나의 죄업은 끝내 어찌할 것인가? 수많은 사람을 올바르지 못하게 인도하여 다치게 한 것 이윽고 꺼릴 일이 아닌가?

에구치를 지나가던 사이교는 같이 가던 고승에게 다음과 같이 말을 걸었다. 몸을 파는 일은 '부처님이 크게 훈계하고 있는 일'이다. 자기 한 사람의 죄업이라면 그렇다 하더라도 많은 사람을 애욕의 죄업으로 끌어들이는 것은 도대체 어찌된 일인가? 그것도 전세에서부터 정해진 운명인가? 사이

아마가사키 시(尼崎市)에 있는 유녀들의 무덤.

교는 마음이 아팠다.

　　그러나 사이교는 양심적인 편이었다. 승려 중에는 유녀들을 죄업 깊은 사람으로 대놓고 혐오하는 일도 많았다. 유녀 미야기가 승려에게 노래한 와카가 남아 있다.

　　　쓰노구니의 나니와 지방 일이 부처의 법 아닌가
　　　놀고 희롱하는 것까지라고 들었네

　　"동자들이 사람을 희롱하고 노는 것조차도 부처님에게 가는 길이라고 들었습니다. 저희 유녀도 구원받고 싶습니다." 이것과 비슷한 일화가 『홋신슈(発心集)』¹³⁾에도 보인다. '쇼쇼히지리'라고 불리는 고승이 무라노쓰 포구에 정박하고 있을 때

> 어느 유녀의 어머니가 고승이 타고 있는 배로 노를 저어 다가가자, 뱃사공 같은 사람이 "아니 이것은 고승이 타신 배입니다. 무엇을 착각하고 있는 것입니까?"라고 뜻하지 않은 말을 들었다.

"이것은 고승이 타신 배입니다. 무엇을 착각하고 있는 것입니까?" 노를 저어 접근한 유녀의 어머니는 뱃사공에게 호되게 질타를 당하였다. 그러나 그녀는 손님을 잡으려고 배로 접근한 것이 아니었다. 손에 든 북을 치며,

> '어둡고 어두운 길로 들어가겠지요. 저 멀리 비춰라 산에 걸린 달'이라는 노래를 두세 번 반복해서 부르고 "이같이 죄가 깊은 몸이 되는 것도 그럴만한 인과응보이겠지요. 이 세상은 꿈으로 끝나려고 합니다. 반드시 구원해 주세요. 마음으로만 인연을 맺고 싶습니다"라고 말하며 노를 저으며 멀어져 갔다.

때마침 강가에는 영롱하게 비치는 달그림자가 머물고 있었다. "어둠에서 나와 어둠으로 돌아가는 것 같은 내 처지에 부디 영구불변의 달빛을 비추어 주소서." 노랫소리는 너무나 서글플 정도로 청명하게 울려 퍼졌을 것이다. 스스로 '죄가 많은 몸'이라고 칭하고 '이 세상은 꿈'이라고 생각한 유녀의 어머니. 적어도 구원이라도 받아보고자 매달리듯 저어 다가오는 배.

---

13) 1216년 이전에 만들어졌다고 전해지는 가마쿠라 시대 불교 시대 설화집으로 가모노 초메이(鴨長明) 작품이다.

『호넨쇼닌에덴(法然上人繪伝)』[14]의 한 장면 그대로이다.

거리는 멀리 떨어져 있어도 일편단심으로 성서 속 유녀도 또한 성자에게 다가간다. 누가복음 제7장. 예수는 어느 바리새인에게 초대되어 식탁에 앉는다.

> 보아라. 이 마을에 죄를 범한 한 여인이 있다. 예수가 바리새인 집에서 식사 자리에 앉아 있는 것을 알고 향유가 들어 있는 석고 항아리를 가지고 왔다. 울면서 그 발 가까이 뒤에 서서 눈물로 그 발을 적시고 머리카락으로 그것을 닦고 또 그 발에 키스하며 향유를 발랐다.

기독교도 또한 '간음'을 죄악시하고 있다. 죄 많은 여인, 유녀들은 구약 성서 안에서 저주받았던 여자들이었다.

> 이렇게 하여 향기로운 향기는 변하여 더러운 냄새로 바뀌었고 허리띠는 변하여 밧줄이 되어 아름답게 딴 머리카락은 대머리가 되어 화려한 옷은 변하여 허름한 옷이 되어 보기 좋은 얼굴은 변하여 낙인으로 찍은 상처가 되었다.
>
> 『이사야서』

불교의 『홋신슈』와 기독교의 성서, 둘 다 명성 높고 성스러운 유녀의 모습은 없고, 오히려 '죄인'으로 손가락질 받는 여자의 서글픔이 그려지고 있다. 앞서 말한 이슈타르의 제장과 아프로디테의 신전도 이미 4세기 초반에 기독교를 공인한 콘스탄티누스 황제가 그곳에서 '보기 흉한 것'이 행해지

---

14) 승려 호넨(法然)의 생애를 그린 전기적인 그림.

고 있다는 이유로 파괴해 버렸다. 이렇게 동서양의 2대 종교는 유녀의 사회적·문화적 지위의 변화에 커다란 영향을 미쳤다.

그럼에도 해탈을 향한 불교의 길은 죄가 많은 사람에게, 아니 오히려 죄가 많은 자에게야말로 열린다는 논법으로 유녀들에게 새로운 헤로인의 지위를 획득시켜 주었다.

기독교에서는 자신의 발을 머리카락으로 닦아주어 자신의 신앙을 내보인 유녀에 대해서 "그대의 죄는 용서되었다"라고 말한다. 사이교도 또한 유녀 중에서도 다수 극락왕생으로 간다고 보았다.

이슬같이 허무한 목숨을 이어가기 위한 거짓된 일이기 때문에 마음에도 없이 이 사람과 살을 섞고 저 사람과 같이 살을 섞더라도, 이 사람에게 마음을 주지 않고 저 사람에게도 마음을 주지 않는다. 항상 저세상을 생각하는 사람으로 입으로 나쁜 말을 하고 손으로 좋지 않은 행동을 하더라도 마음을 윤택하게 하기 위해서는…….

생활을 위해 원하지 않는 나쁜 행위를 하더라도 마음만 정갈하게 유지한다면 다음 세상에는 구원을 받을 수 있다고 생각하는 것이다. 유녀(=보현보살) 전승설화의 끝 부분에도 "부처의 길에는 귀천이 없다. 이러한 이야기에서 깨달아야 한다"라고 말하고 있었다. 부처의 길은 유녀같이 천한 계집에게조차 나타난다. 이것이 성스러운 유녀설화에 덧붙여진 불교적 훈계이다.

'회개하는 유녀'라는 도식도 종교문학에서는 즐겨 사용하는 소재이지만 불교의 본고장 인도에서 접할 수 있는 유녀들의 고백 이야기를 들어보자.

어리석은 남자들이 다가오는 육체를 더할 나위 없이 아름답게 장식하고, 그 물을 펼친 사냥꾼처럼 나는 유곽 문 앞에 서 있었습니다. 비밀스럽게 때로 는 노골적으로 수많은 사람을 조소하면서 요염한 여러 가지 기술을 행하였 습니다. 이러했던 제가 지금은 머리를 깎고 큰 옷을 입고서 탁발하러 나가 서 나무뿌리 아래에서 '무념무상의 경지'를 체득하여 앉아 있는 것입니다. 천계와 인간계의 굴레는 모두 끊어졌습니다. 모든 더러움을 버리고 나는 청 량해져 안식에 귀의했습니다.

(유녀로서의) 나의 수입은 카시국[15] 전체의 수입과 같았습니다. 마을 사람 들은 그것을 제 몸값으로 정하고 가격에 관해서는 저를 가치 매길 수 없는 고가의 것이라고 정하였습니다.
그래서 저는 제 미모에 혐오를 느꼈습니다. 그렇게 혐오를 느끼고 있어서 (미모에 대해서는) 욕심을 버렸습니다. 정말로 생사윤회의 길을 반복하지 않도록 하옵소서! 세 가지 지혜를 실제로 깨달았습니다. 부처님의 가르침을 이루었습니다.

앗타카시 승려
『비구니의 고백』(나카무라 하지메(中村元) 역)

불교 경전 『데리가타』에 기술된 과거 유녀였던 비구니는 "'여인들은 용 모로 진리의 가르침을 따라 살아가는 〈불도의 사람〉들을 속박한다', '아녀자 의 몸인 것은 괴로울 뿐이다'라고 부처님은 설법하셨습니다"라고 말한다. 이 말에는 육체에 대한 부정한 시선이 명확히 보인다. '더러운 냄새가 나며 무섭게 부패해가는 육체, 항상 부정함에 충만해 있는 죽은 몸뚱어리에 어째

---

15) 와라나니 (베나레스)를 수도로 발달한 카시국은 석가모니보다 이전 시대에는 16대국 가운데 최대의 세력을 가졌던 나라이다.

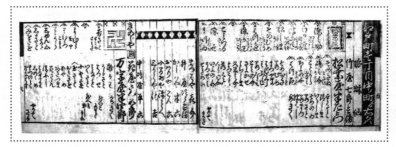
『유녀 아하세(遊女あはせ : 유녀안내책자)』, 도쿄도립도서관 소장품.

서 집착할 필요가 있을까요"라고 그녀들은 설법하는 것이다.

육체는 썩기 쉬운 것으로 생각하고 그것에 대한 집착을 끊을 때 비로소 깨달음의 길은 열린다. 육체를 한껏 꾸미고 육욕으로 생활을 영위하는 유녀들이야말로 허무함을 너무나 뼈저리게 느끼는 사람들이었다.

내 몸은 늙어 볼품없어져 수많은 괴로움이 모이는 곳입니다. 내 몸은 황폐해져 칠이 벗겨진 폐가입니다.

높은 명성에 아름다운 미모를 가진 유녀였던 비구니 암바바리는 깨달음을 위와 같이 말하고 있다. 일본의 명성 높은 미인이던 유녀들의 모습을 여기에서 엿볼 수가 있을 것이다. 다음 장에서는 이러한 유녀들을 이야기해 보기로 하자.

『요시와라의 소녀(吉原の娘)』,
국제일본문화연구센터 소장본.

VIII 오노노 고마치 이야기

─유랑하는 성녀

1. 영광과 비참함 속에 살아가는 유녀

미녀 중의 미녀로 'ㅇㅇ고마치'라는 표현을 만들고, 그 명성을 후대에까지 남긴 오노노 고마치. 오토기조시는 그녀를 유녀로 그리면서 그녀의 호색과 노래에 대한 미덕을 칭송하고 있다. 그러나 그 영광은 영구불변하지 않았다. 중세 고마치상의 형성에 크게 기여한 『다마쓰쿠리고마치소스이쇼(玉造小町子壯衰書)』를 살펴보자.

어느 날 한 여인과 길에서 마주쳤다. 그녀의 모습은 매우 마르고 의복도 만족하게 입지 못했다. 또 머리는 백발에 피부는 거칠고 얼굴은 검버섯이 피었으며, 치아는 누렇고 목소리는 매우 떨려서 뭐라고 말하는지 들리지 않았다. 게다가 다리는 맥이 풀리고 신발도 없어서 걷는 것조차 마음대로 못하였다. 이 노파가 예전에 미녀라고 불리던 오노노 고마치였다니.

고마치는 "인기가 많던 때에는 교만이 심하였지만, 명성이 사라진 다음 그 비탄함이 더욱 깊었다"라고 지금으로서는 상상할 수 없는 화려했던 과거를 회상한다. "윤기가 흐르던 피부, 나긋나긋한 허리, 비단결과 같은 머릿결, 양귀비도 미치지 못할 정도로 아름다웠던 나였는데……." 미녀에게 형용되는 모든 단어를 이용하여 비유되던 과거의 아름다웠던 용모와 현재 몰락한 모습을 비교하면 영광과 비참함이 너무나 대조적이라고 할 수 있다.

소문으로 듣기에 가부토야에서 인기가 있었던 절세 미인 유녀가 옛날의 그
리운 세월을 아쉬워하며 젊은 처녀의 모습으로 다시 돌아가고 싶어 마음에
기원하며 말하는 푸념.

프랑수와 비용
「가부토야 고마치의 장한가(兜屋小町長恨歌, 스즈키 노부타로 역)」

15세기 프랑스 시인이 그린 여성의 넋두리가 고마치의 장한가와 훌륭하
게 잘 어울리고 있다.

> 어찌 변하였는가 지금은, 윤기가 흐르던 그 이마
> 금발머리 초승달 눈썹
> ……
> 그 긴 팔 귀여운 손
> 유방은 작고 엉덩이에 풍부한 살집이 붙은
> ……
> 지금은 이마에 주름이 깊고 백발도 누렇게 변색되어
> 눈썹도 빠져……
> ……
> 팔은 쪼그라들고 손은 메말라……
> 유방은 형태도 없이 쪼그라들어 버리고……

젊은 날의 아름다움에 비하여 지금의 늙은 모습은 어떤가? '인간에게 아
름다움의 결말은 처량한 허망한 모습'. 파리의 시인 프랑수와 비용이 『다마
쓰쿠리고마치소스이쇼』를 읽었을 리는 없다. 그러나 '가부토야의 미녀'가
'가부토야 고마치(兜屋小町)'로 번역된 것처럼 실로 서양의 오노노 고마치라
고 할 수 있다.

'나는 유곽의 아이'라고 오노노 고마치가 신분을 밝힌 것처럼 가부토야 고마치도 또한 몸을 파는 여자였다.

색기와 아름다움으로 세상을 살아가는 여성이 그 무기를 잃어버렸을 때의 비참함은 보통사람보다 더할 것이다.

> 이처럼 세상 사람 누구라도 끝날…….

가부토야 고마치의 장한가(長恨歌)[1]는 이렇게 끝난다. 유녀가 가졌던 아름다움의 몰락으로 다른 어떤 것보다도 현세의 영광과 젊음에 대한 무상함을 사람들에게 더욱 호소하고 있다. 앞서 나온 명성 높은 인도의 유녀 비구니 암바바리의 고백도 실로 이러한 틀에 딱 들어맞는다.

> 황금으로 치장하고 향기가 나는 부드러운 흑발은 훌륭하게 묶여 아름다웠습니다. 지금은 그 머리카락은 다 빠져 떨어졌습니다.
> ……
> 내 양쪽 유방은 예전에는 풍성하게 부풀어 둥글고 균형이 맞으며 위를 향하고 있었습니다만 (지금) 그것들은 물이 들어 있지 않은 가죽 주머니 같이 축 늘어져 버렸습니다.
>
> 『비구니의 고백』

그리고 신체 구석구석까지 18개 항목에 걸쳐 젊음과 늙음을 철저하게 대비하며 노래하는 그녀의 넋두리는 고마치의 탄식과 그대로 중복된다. 다

---

1) 중국 당대(唐代) 시인 백거이의 장편서사시. 현종과 양귀비의 사랑과 슬픔을 그린 고시.

른 많은 유녀도 육체의 무상함을 몸소 깨닫고 비구니가 되었다.

『다마쓰쿠리고마치소스이쇼』는 실제로 이러한 깨달음을 재촉하기 위해 만들어졌다. 미모의 유녀 고마치의 노쇠를 통하여 생로병사의 무상함을 통감케 하고 불교에 귀의하는 것이 가장 좋다는 결론을 이끌어 낸다. 이 책의 끝 부분에는 발심하여 극락에서 다시 태어나 새벽에 펼쳐지는 신묘한 정토의 광경이 연면하게 이어진다.

『다마쓰쿠리고마치소스이쇼』에 영감을 얻은 요쿄쿠『소토바고마치(卒都婆小町)』[2]에서도 고마치의 노쇠를 통해 깨달음의 길을 인도한다.

> 꽃과 같은 모습은 반짝거리고 초승달 같은 눈썹은 푸르스름하고 하얀 분을 잘 바르고 비단으로 만든 옷은 많아서 아름다운 저택에 넘쳐나고 있었다. 노래를 부르고 시를 만들어 취흥을 더해주는 술잔, 은하수와 밝은 달은 옷소매를 조용히 비춘다. 실로 우아한 모습이 언제 이 정도로 뒤바뀌어 머리에는 하얀 서리 내린 쑥이 자라나고, 곱고 아름다웠던 양쪽 살쩍머리도 거칠어진 피부와 하얀색이 섞이고 완전했던 두 눈썹도 먼 산처럼 그 빛을 잃어버렸다.

과거와 현재의 대비는 선명하게 드러나 "다음 세상을 위한 기약으로 진심이었다. ……꽃을 부처님에게 바치고 깨달음의 길로 들어가자. 깨달음의 길로 들어가자"라며 끝을 맺는다. 이 요쿄쿠는 야노메 겐이치(矢野目源一)의 대담한 번역으로 일본의 고마치와 서양의 고마치를 연결하고 있다.

> 바람기가 있다고 이름이 알려졌네. 구소쿠야의 고마치라 불리던 여인이

---

2) 요쿄쿠. 간아미의 작품.

유려한 7, 5조에 맡겨진 가락 속에 "생자필멸(生者必滅)의 세상 이치", "여자의 아름다운 용모에 대한 무상함은 돌아갈 수 없는 물거품과 같다"는 동양적인 무상관이 새겨지고 결국에는 "이슬과 내 처지의 허무함을 비교하니, 남녀의 이별은 가깝고 허무하고, 덧없는 이 세상 명운이 세상의 이치라고 알게 되었네"라는 덧없는 세상의 깨달음으로 끝맺게 된다. "소토바고마치"라고 이름 붙여진 번역시는 동서양을 초월한 유녀의 영광과 비참한 문화사적 공통성을 이야기해주고 있다.

2. 호색한의 결말

오토기조시 『고마치소시(小町草紙)』에 이르면 고마치는 널리 알려진 상대역인 나리히라와 맺어져 무상관이 외면적인 영광과 비참함의 대비를 넘어 심오함을 보여준다. 부귀영화를 자랑하던 고마치가 늙어가는 전개는 같지만 이러한 고마치를 나리히라가 방문한다.

"옛날 호색으로 유명했던 오노노 고마치는 이쪽으로 건너오셨는가"라고 물어보자 "잘 생각해보니 같은 호색한 사람으로 애정도 진실한 아리와라노, 그 모습은 나리히라의……"라고 상대를 인정한 고마치는 와카 시인이며 같이 호색을 좋아하던 나리히라에게 마음을 허락하고 참회를 시작한다.

"저는 여색에 빠져서 하얀 옥구슬처럼 손에 쥔 편지는 많았지만, 이 몸이 다할 때까지 정을 준 내 님은 없었다네."

"와카를 만들고 허다한 편지를 손에 넣고 호색을 탐닉했지만 결국 평생 동안 남편을 만나지 못했습니다." 이에 대해 나리히라도 대답한다.

"나 또한 마음을 자주 바꾸고 몸을 던져서까지 여색을 수없이 만났지만 그녀들 중에서 마음이 머무른 곳은 극히 적었소······. 나 스스로 천명의 여인이라고 적고 있지만 이것은 모두 거짓된 사랑이로구나. 드디어 망집과 같은 구름이 개었다."

"나도 당신과 마찬가지로 천 명에 가까운 상대와 호색의 생활에 빠졌지만 모두 거짓 정이었습니다." "만남은 이별의 시작이고 사는 것은 죽어야 하는 것의 시작." 두 사람은 호색의 끝을 맛보았기 때문에 오히려 호색의 허무함을 다른 사람들보다 몇 배 이상으로 잘 알았던 것이다.

"이것은 모두 거짓된 사랑이다. 드디어 망집과 같은 구름이 개었다"라는 나리히라의 대사는 극적인 심경의 변화와 함께 깨달음을 가장 잘 드러내고 있다. 천 명의 애정도 거짓이라고 깨달았을 때 만남과 생사의 덧없음을 깨우치고 망집과 같은 구름이 개었다고 말하며 와카를 만드는 일도, 주색에 빠지는 일도 '모두 물거품과 같은 세상'에 집착을 남기는 일이다. 나리히라는 이러한 '광언기어(狂言綺語)[3]의 이치'를 던져버리고 부처의 길로 들어가라고 깨우쳐 준다. 나리히라의 말을 감사하게 경청하는 고마치의 눈앞에서 그는 '연기가 사라지듯 없어진'다. 고마치는 그를 관음보살의 화신이었구나라고 깨달으며 이야기는 끝난다.

축제적인 종교 세계에서 가무 보살이며 음양의 신이었던 나리히라와 고마치는 허무함을 설법하는 입장에서도, 색욕과 언어의 공허함을 다른 사람들보다 한층 더 통감하는 존재로서, 역시 성자가 지녀야 할 성격을 부여받았다.

마찬가지로 유녀의 존재를 통해 깨달음을 얻은 인물이 가나조시 『쓰유

---

3) 도리에 맞지 않는 말. 불교와 유교의 입장에서 소설과 모노가타리를 말하고 있다.

도노 모노가타리』의 주인공 쓰유도노이다. 에도와 교토의 유곽 최고의 미녀인 두 명의 다유와 인연을 맺었지만, 두 여인 사이에서 고뇌하다가 결국 출가의 길을 선택한다.

곰곰이 생각에 잠겨보니 사바세계의 부귀영화는 꿈속의 즐거움이니 영화로워져서 어찌하겠나. 사람의 몸은 의탁하기 어렵고, 불법으로는 만나기 어렵다. ……늙음과 젊음이 정해지지 않은 경계이기에 나이가 젊어도 의지할 수 없다. 언제 숨을 거둘지 기다리지 말지어다. 하루살이나 번갯불 보다도 더 덧없다. 일단 여색에 빠져 어두운 밤 암흑을 떨쳐내지 못하는 슬픔이여.

최고급의 유녀를 통하여 최고의 '음양의 이치'를 체험했던 쓰유도노가 '한순간의 호색'에 빠지는 것에 덧없음을 깨닫는다. 쓰유도노라는 이름 자체가 '이슬과 같은 몸'을 의식한 것이며 그의 발심이 결국 요시와라 다유의 출가를 유도한다.

이러한 일련의 유녀와 만남을 계기로 생긴 깨달음이 가장 시적으로 모인 것이 요쿄쿠『에구치』라고 할 수 있다.

파도가 치는 것도 무엇 때문일까? 덧없는 이 세상에 마음을 두기 때문일 것이다. 마음을 두지 않는다면 괴로운 이 세상도 없을 것이다. 사람을 그리워하지 않으면 사람을 기다리는 저녁도 없을 것이다. 이별의 길 앞에 폭풍이 불어서 꽃이니 단풍이니 달이니 하얀 눈이니 하는 옛말들도 아 아 재미 없네. 생각해보면 덧없는 이 세상에 마음을 두는 사람조차 훈계하던 나였다.

앞 문장은 에구치의 다에가 보현보살로 변하기 직전을 묘사한 장면이다. 첫머리 부분에서 가무의 보살로서 '정토의 놀이'를 펼치고 있던 유녀가

가쓰시카 호쿠사이(葛飾北斎), 『유녀의 손님방(遊女の座敷)』, 에도 시대, 도쿄국립박물관 소장본.

춤이 끝난 후에 돌연 태도를 바꾸어 이 세상은 잠시 머무는 곳이라고 설교하기 시작한다. 파도의 움직임—마음이 흔들리는 것도 잠시 머무는 현세에 집착하기 때문이다. 마음을 두지 않고 집착하지 않으며 이 세상의 무상함을 깨닫는다면 사랑도 괴로워할 일이 없다. 자연 속 사계절의 변화에 마음을 빼앗겨 와카를 읊는 것도 결국은 부질없는 짓. "생각해보면 잠시 머무는 곳에 마음을 두지 말라고 당신에게 충고하고 싶습니다"라는 말을 남기고 에구치의 다에는 보살로 변하여 흰 코끼리를 타고 사라진다. 성욕을 직업으로 가무를 담당하던 유녀이기 때문에 불교의 이치를 깨우치고 무상함을 깨닫게 된다는 발상이 드러나 있는 것도 당연한 이치였다.

제1부에서 논해왔던 성욕과 가무의 보살로서 유녀의 존재가 모순된 것이 아니라 축제적 종교 세계와 불교적 무상관과 병존·혼재하고 있으며 그러한 문화사적 상황 아래에서 오토기조시나 가나조시, 요쿄쿠 문학에서도 여러가지 모습으로 반영되고 있는 것이다.

3. 유랑하는 성자

마지막으로 고마치가 단순하게 노쇠한 몸으로 유랑하고 있었다고 하는 점에 주목해야 한다. 신발도 없이 발이 아프다면서도 그녀는 '길거리를 배회'한다. 이러한 유랑은 도대체 무엇을 의미하는 것일까?

실제로 유녀가 유랑자였다는 흔적이 남아있다.

> 하얀 파도가 밀려오는 해안가 세월을 보내면서
> 해녀의 자식이기에 정처도 두지 않고
>
> 『와칸로에이슈(和漢朗詠集)』[4]

위의 시는 유녀사를 이야기하는 데에 있어 반드시 인용되는 한 수이다. 정해진 숙소가 없었던 유녀의 생활을 이 짧은 한 수에서 살펴볼 수 있다. 또한 "흘러가 머무를 곳을 정하지 못하기 때문에 다시 유녀라고 말해야 할까(『와카후키와게(和哥吹上)』)"[5]라는 표현에도 유녀의 특색 중 하나인 유랑하는 성격이 나타나고 있다. 원래 의미와는 다르지만 야나기타 구니오가 말하는 것처럼 '놀이' 안에 '일소부재'라는 의미가 포함되어 있다.

> 싸라기눈 내리는 왼쪽 산은 사초로 덮인 산
>
> 기타에다

> 유녀 사십오 명이 시골을 지나가네
>
> 소라

---

4) 1013년경에 만들어진 헤이안 시대 중기 시가집. 후지와라노 긴토(藤原公任) 선. 백거이의 한시문과 기노쓰라유키(紀貫之) 등의 와카가 수록됨.
5) 요쿄쿠.

이것은 원래 '배우 네다섯 명'이었던 것을 바쇼(芭蕉)가 손을 대 고친 사연이 있는 렌가(連歌)[6] 시구인데, 유곽의 유녀가 주류였던 시기에 아직 유랑을 하던 지방 유녀의 모습을 풍부한 정서로 전하고 있다.

유랑이라고 하는 것은 정주하는 일반인들에게 있어서 비일상적인 생활이며, 유랑민의 방문은 토착 인간에게는 축제적인 '하레'의 인상을 준다. 조금 더 쉽게 말하자면 여행을 하는 것이 자신이 '하레'의 세계로 발을 들여놓는 것이며, 여행객은 그 지역민에게 '하레'의 존재가 된다는 말이다. 유녀는 유랑하는 것으로 이러한 비일상성을 지니고 있었다.

사이교와 다에의 만남을 되돌아보자. 출가해서 각 지방을 돌아다니고 있던 사이교는 편력이 강한 행려승처럼 유랑하는 성자의 성격을 지니고 있었다. 마에다 아이(前田愛)는 히구치 이치요(樋口一葉, 1872~1896)[7] 『다케쿠라베(たけくらべ)』[8]의 여주인공 미도리를 '토착민을 두렵게 하고 지배하는 유민의 상징(『다케쿠라베』 서설)'으로서 승려가 되는 신뇨(信如)와 유녀가 되는 미도리의 본질적인 공통성을 지적하였다. 같은 유랑자로서 비일상성이 사이교와 다에를 서로 연계시키고 있다고 할 수 있다. 『쓰유도노모노가타리』에서도 쓰유도노와 출가하는 요시하라의 유녀는 에도에서 교토로 여행한다. 유녀의 '흘러가는 몸'이란 말에는 유랑하는 성자로서의 의미도 함축하고 있었다.

오노노 고마치의 유랑은 이른바 유녀의 성격을 상징적으로 드러낸 것이라고도 할 수 있다. 몸을 팔며 새로운 곳으로 떠도는 고마치의 모습은 『다마

---

6) 일본의 독특한 시가의 한 양식으로 보통 두 사람 이상이 단가의 윗구에 해당하는 5·7·5의 장구와 아랫구에 해당하는 7·7의 단구를 번갈아 읊어 나가는 형식을 말한다.
7) 소설가이자 가인. 도쿄 출생.
8) 히구치 이치요의 단편소설. 1895년부터 다음해까지 '문학계(文学界)'에 연재.

쓰쿠리고마치소스이쇼』를 비롯하여 널리 전승되었으며, 고마치가 찾아간 장소나 혹은 묻혔다는 장소가 각지에 존재하고 있다. 오토키조시『고마치소시』도 이러한 예에서 빠지지 않는다. 나리히라가 방문한 다음 고마치의 행적을 뒤쫓아 보자.

> 불가사의하구나. 꿈속에서 서로 희롱하고 있었던 마음이 든다. 어디로 가셨는지 몰랐던 그분이 아리와라노 나리히라가 아니신가요. 관음보살이구나. 한편 이 세상에 있지도 않을 것 같은 잡초로 둘러싸인 암자에 사는 사람을 억지로 데리고 다시 마을로 내려왔다. 보는 사람마다 '그 옛날 오노노 고마치가 변한 모습을 보자'고 수군거리며 모여들었다.

나리히라가 관음보살의 화신이었던 것을 깨달은 고마치는 돌연히 마을로 유랑을 떠난다. 명확한 이유도 대지 않는 너무나도 무뚝뚝한 필치이지만 이것을 '가난해져 먹을 것을 구걸할 필요가 생겼다'는 식으로 정리하기에는 충분치 않을 것이다.

앞 절에서 말한 나리히라와의 문답에서 어떤 깨달음을 얻은 고마치는 미래의 성자로서의 자격을 가지고 있었다. 그녀는 오토기조시의 끝 부분에서 '관음의 화신'이었다고 밝혀진다. 나리히라가 떠난 다음 무언가에 홀린 사람처럼 '잡초로 둘러싸인 암자에 사는 사람을 억지로 데리고' 마을로 떠나는 것은 언뜻 아무 맥락도 없는 행동으로 보이지만, 실은 고마치의 깨달음이 유랑하는 중요한 계기로서 작용하고 있음을 의미하고 있다.

그녀는 표면적으로는 늙고 볼품 없는 초라한 몸이 되었다. 그러나 그 '천함'은 '성스러움'과 상반되는 것이었다. 오리쿠치 시노부는 유랑하는 거지의 종교적 성격을 지적하였다. 『와묘루이주쇼(和名類聚抄)』[9]에서 유녀를 '거지'로 분류하고 있는 점에서도 전승 속 고마치가 유랑하는 성자 유녀의 상징으로서 흘러가는 운명이었다고 생각할 수 있다.

> 지금은 길거리를 배회하며 왕래하는 사람에게 구걸해서 물건을 얻지 못할 때에는 나쁜 마음에 광란한 마음이 씌게 되고, 목소리가 변해서 보통과는 달랐다.
> 고마치 : "여보세요. 먹을 것 주세요. 여보세요 스님."
> 승려 : "무슨 일이요."
> 고마치 : "먹을 것을 좀 주세요."
> 승려 : "우스운 일이군요, 고마치여. 어찌 현실 같지도 않은 일을 하고 있어요?"

음식을 구걸하는 고마치에게 후카쿠사노 쇼쇼가 매달리며 백일 밤을 드나드는 모습을 그리고 있다. 그리고 『소토바고마치(卒都婆小町)』[10]에서 고마치는 혼령의 말을 전하는 주술적인 무녀로 그려지고 있어서 유녀의 종교적 일면도 엿볼 수 있다.

4. 귀종유리의 흔적

고마치의 전설적 애인이었던 나리히라도 역시 유랑민이었다. 그는 자신의 처지를 하찮게 여기고 교토가 아닌 아즈마 지방으로 정착할 마을을 찾아

---

9) 헤이안 시대 중기 사전.
10) 노(能) 작품.

서 동쪽 지방을 여행한다. 실제로 나리히라가 동쪽 지방을 여행했다는 명확한 증거가 없음에도 불구하고 이처럼 동쪽 지방 여행이 세상에 알려지게 된 것은 그가 '귀종유리(貴種流離)[11]'의 계보을 잇는 인물이었기 때문이다. 또한 이로써 유랑하는 성자의 일행으로 고마치와 나리히라가 만나는 가능성도 열린다. 두 사람은 유랑하던 끝에 교토에서 멀리 떨어진 미치노쿠[12] 지방에서 극적으로 만나게 된다.

『고지단(古事談)』[13]에 의하면 '니조노기사키 왕비'를 빼앗아 도망치던 나리히라는 왕비의 형제들에게 쫓겨 왕비를 다시 빼앗기고 머리의 상투를 잘리게 된다. 비참하고 초라한 모습이 된 그가 '머리카락이 자라는 동안 유명한 와카 명소를 관광하겠다고' 관동 지방으로 출발한다. 오슈 지방 하치조시마 고을에 이르러 야밤에 들판에서 와카를 노래하는 목소리가 들린다.

　가을바람이 부는 것을 들어도 아 슬퍼라 아 슬퍼

나리히라가 수상히 여겨 목소리가 들리는 곳을 찾아가니 사람 그림자도 없고 해골이 하나 덩그러니 있을 뿐이었다. 어떤 사람이 '이것은 오노노 고마치의 해골입니다'라고 알려 주어 불쌍히 여긴 그는 앞서 들은 와카의 뒷부분을 만들었다.

---

11) 신화 등에 나타나는 하나의 학설로서 주인공이 귀하게 태어났지만, 여러 가지 역경과 고난을 겪어야만 하는 운명을 지녀 여행이나 모험으로 정의를 지키고 자신의 본래 자리를 찾아가는 이야기를 일컫는다.
12) 미치노오쿠노쿠니(道奧国). 현재 후쿠시마 현 전역과 미야기 현의 마쓰시마 남쪽, 야마가타 현의 일부에 이른다.
13) 가마쿠라 후기 설화집.

와카와 유랑이란 배합에 주목해야 할 것이다. 이 같은 일화는 『고마치소시』의 후반에도 전해지고 있는데, 여기에서 두 사람이 와카를 통하여 서로의 뜻을 소통하고 있다는 것은 와카의 신으로서의 두 사람의 성격을 반영하고 있음과 동시에 유랑이라는 요소가 덧붙여져 양자가 모두 똑같은 유랑하는 성자인 것을 나타내고 있다.

두 사람의 합작품이 된 와카도 불가사의한 평가대상으로 특히 '아나메(あなめ)'라고 반복되는 부분이 기묘한 인상을 준다. 이케다 야사부로(池田弥三郎)는 이것을 '아 눈이(아프다)'라는 의미로 해석하였다(『아리와라노 나리히라·아즈마쿠다리(在原業平·東下り)』). 『고지단』에서는 '아나메(穴目)'로 되어 있어서 해골의 눈이 구멍처럼 보였던 것과 관계가 있을지도 모른다. 그러나 어느 쪽이든 이치를 내세워 해석하기보다는 '아나메'의 여운을 중심으로 한 주술적인 성격에 주목해야 할 것이다. 해골이 시를 읊는다는 설정에도 스산한 기운이 몰려오지만, 노래 전체에서 풍기는 일종의 섬뜩한 분위기는 아마도 이 와카의 주술적인 성격에 의한 것으로 사료된다. 『고마치소시』에서는 '외모가 아름다운 여성'으로 나타나 나리히라에게 말을 걸지만, 다른 의미에서 이 와카는 고마치의 영혼을 불러오는 주술적인 역할을 하고 있다고도 할 수 있을 것이다.

후지이 사다카즈(藤井貞和)는 와카의 흥륭을 지탱하는 기반의 하나로 유녀와 각설이 등 민간 예능자의 활약이 있었다고 추정하고, 아울러 고마치 노래의 기층에 와카의 주술성이 있다고 지적하였다. 또한 야나기타 구니오는 오노라는 성을 가진 여성의 전승에는 공통으로 무녀적인 성격이 존재한다고 하였다(「오노노오쓰(小野於通)」). 오노노 고마치는 '호색의 미덕, 노래의 미덕, 유랑'이라는 세 가지 점을 겸비하고 있으며 나리히라와 같이 유랑하는 성자로서 유녀의 모습을 후세에 남기고 있다.

IX 오하쓰 이야기

―사랑의 순교자

1. 맺어질 수 없는 인연의 그림자

당신이 가고 상당히 높게 자란 산 두루미가
마중은 가겠지만, 소나무처럼 기다리지 않네

하쓰세가와 강의 상류에
성스러운 말뚝을 박고
하류에 좋은 말뚝을 박아서
성스러운 말뚝에는 거울을 걸고
좋은 말뚝에는 구슬을 걸어서
구슬과 같이 내가 사모하는 그녀가
거울과 같이 내가 사모하는 그녀가 있다고 말하면
그야말로 집에도 가겠지. 고향도 그리워하겠지…….
이렇게 노래하고 바로 즉시 스스로 죽으셨습니다.

『고지키(古事記)』

여자가 한시도 떨어질 수 없다며 남자의 뒤를 쫓아가자 남자는 구슬
과 같이 사랑스러운 아내여 하고 대답한다. 서로 사랑하는 남녀의 뜨거운
노래.

소토오리히메―가루노오이라쓰메(軽大郎女)는 친오빠 가루 황자(軽皇子)와 정을 통했기 때문에 서로 같이 죽음을 선택하게 된다. 일본 남녀 동반 자살 역사의 제1막을 장식하는 사건이었다.

한편 『니혼쇼키』의 소토오리히메도 천황의 총애를 받지만 황후의 질투로 사이가 멀어지게 된다.

> 내가 사랑한 님이 오신다는 밤이 되어서
> 거미가 한 일을 오늘 밤 알게 되겠지

천황을 기다리는 여심을 노래한 작품은 결국 『고킨슈』의 가나조에 실려 널리 알려지게 된다. 『니혼쇼키』와 『고지키』에서 '소토오리히메'로 불리게 되는 여성의 사랑에는 이루어질 수 없는 인연의 그림자가 드리워져 있다. 소토오리히메의 흐름을 이어받은 고마치도 "남자와 만나는 것은 천명"이라고 말하지만 "이 몸 끝날 때까지 정을 준 남편은 없었다네"라고 고백한다. 소토오리히메와 고마치는 '맺어질 수 없는 사랑'의 그림자를 공유하고, 소토오리히메와 고마치의 전승 속에서 일체화되는 유녀에게도 역시 같은 운명이 이어지고 있다. 이것은 근세문학 속에서 신주극(心中劇, 남녀의 동반 자살)이라는 형태로 크게 꽃피우게 된다.

'신주(心中)'라는 것은 원래 '상대에 대한 진실한 마음'이라는 의미였지만, 덴와(天和)[1]기에서 교호(亨保)[2]기에 걸쳐 남녀 동반 자살이 유행하면서

---

1) 에도 시대 전기. 레이겐 천황(靈元天皇)의 연호. 1681년 9월 29일~1684년 2월 21일에 해당함.
2) 에도 시대 중기. 나카미가도(中御門)·사쿠라마치(桜町) 천황의 연호. 1716년 6월 22일~1736년 4월 28일에 해당함.

순식간에 '정사'라는 의미로 바뀌게 되었다(구로스키 오모히코〔黒杉重彦〕, 「정사」). 그리고 "대대로 남자가 유녀를 위해서 같이 죽게 되면 그 이름을 호리가와의 강물에 흘려보내거나 우메다에 내린 비에 씻어 낸 후 아침저녁으로 백골을 비바람에 맞게 한다(『다다다카에이다이기〔忠孝永代記〕』)"[3]라고 기록된 것처럼 상대여성은 유녀가 많았다.

실제로 유녀와 동반 자살하는 것이 유행하는 직접적인 계기가 될 만큼, 신주극을 사람들의 정신사적 유산으로까지 높인 것이 지카마쓰 몬자에몬 (1653~1724)[4]이다. 본 장에서는 그의 작품을 중심으로 유녀의 신주에 관한 문화사적인 의미를 살펴보고자 한다.

2. 조강지처의 사랑

신주극의 헤로인은 왜 유녀가 아니면 안 되었던 것일까. 유녀가 아닌 여성, 즉 보통여성인 조강지처(=지온나〔地女〕)도 죽음으로 내몰리는 경우도 있었다. 그렇다면 이 양자를 비교해 보자.

우선 유녀에게 절대 뒤지지 않는 지카마쓰 세와조루리(世話浄瑠璃) 인형극의 여주인공 오상. 『다이쿄지무카시고요미(大経師昔暦)』[5]는 '오상과 모혜'의 이름으로 알려진 이야기이다. 남편 다이쿄지이슌(大経師以春)이 하녀 다마와 정을 통하는 것을 알자 오상은 그녀와 잠자리를 바꾸어 이불 속에 들어가 남편이 바람을 피우는 현장을 막으려고 하지만 그날 밤 다마의 이불에

---

3) 우키요조시(浮世草子).
4) 에도 시대 중기 조루리와 가부키 작가.
5) 조루리. 세와모노. 3권.

숨어들어온 것은 남편이 아니라 종업원인 모혜였다. 두 사람은 그 사실을 모르는 채 하룻밤을 지내고 다음 날 아침 서로를 알아보고는 경악을 금치 못한다.

'이불 속에서 사방등 밝은 빛 아래로 서로 얼굴을 마주치자 어머나 오상 님이시군요 모혜 님이군요 하 하 하아' 하고 아무리 울부짖어도 이미 엎질 러진 물. 두 사람은 상상조차 못 한 길을 떠나게 된다.

> 인연을 맺고
> 서투르고 어중간하게 괴로운 흩어진 삼베옷은
> 오상과 모혜는 꿈속에서도
> 사랑하지 않던 사이에서 사랑하게 되고……
> 뜻하지 않은 여행길

유녀가 맺어지지 못하는 슬픈 사랑 때문에 우는 것과는 반대이다. 이는 '인연을 맺고도 서투르고 어중간하게 괴로운' 얄궂은 만남으로 '사랑하지 않던 사이에서 사랑하게 되고' '부부가 아닌 부부'가 되어 버린 두 사람은 "신불에게도 사람에게도 부끄러운 내 처지. 서로 부끄러워 얼굴이 붉어져 눈물밖에는 할 말이 없었다"라고 심경을 표현한다.

시선을 끄는 것은 고의적인 소행이 아님에도 두 사람이 도주할 정도로 심각하게 생각하고 부끄러워하는 점이다. "비난은 나 한 사람이 받고 아주 훌륭하게 죽어버리고 싶다"라고 말하며 오상의 목숨을 구하려고 하는 모혜를 향해서 그녀는 단호하게 잘라 말한다.

그리고 그녀는 "오해였든 아니었든 이슌(以春)을 기다리면서 그대와 살을 섞으며 잔 것은 운명입니다. 다시 태어난다 하더라도 이 악연은 지워지지 않을 겁니다"라고 말한다.

수고양이가 우는 소리에 뛰어 나가는 암고양이를 향해 그녀는 "이놈! 남자를 기다린다면 한 명만을 기다리는 법이야. 서방질하면 책형을 받는 법. 여인의 몸가짐도 모르는가"라고 말한다. 이 말은 "훗날 내 처지를 영혼이 먼저 알려줘서"라는 그녀의 운명의 서곡이 되는 장면이지만 어쨌든 '남자를 가진다면 단 한 사람'이라고 하는 것이 보통여자인 조강지처(=지온나)에게 부여된 성적 규범이었다.

『온나다이가쿠(女大学)』[6]의 '칠거지악'에는 "세 번째로 음란하면 소박을 맞는다"라는 구절이 있다. 에도 시대 여성의 생활에 큰 영향을 끼쳤던 『온나다이가쿠』에는 부인이 이별하는 원인으로 '음란'을 큰 이유로 들고 있었다. 남자가 첩을 가지는 것은 사회적으로 허용되고 있었지만, 여자가 남편 이외의 남자와 관계를 가지는 것은 결코 허락될 수 없는 '불의적인 간통'이며 부인이 간통을 범하면 남편은 상대 남자를 죽일 수 있는 '메가타키우치(妻敵討ち)'의 풍습조차 있었다.

『호리가와나미노쓰즈미(堀川波鼓)』[7]의 고쿠라 히코쿠로(小倉彦九郎)는 공교롭게도 그것을 실천하는 처지에 빠지게 되었다. 남편인 히코쿠로가 에도 근무 때문에 고향을 떠나 있던 중 친정에 머물고 있었던 부인 오타네는 "무사히 잘 있어요. 집 잘 보고 있어요"라고 말한 모습이 눈앞에 어른거리며 보이는 것 같아서 한시도 남편을 잊을 틈이 없었다. "언제나 사랑하오. 언제나 언제나"라고 남편이 돌아오기를 기다리는 가련한 부인이었다. 남편의 친구인 이소베 유카에몬(磯部床右衛門)이 끈질긴 구애를 하지만 응할 마음 따

---

6) 에도 시대 중기부터 여성의 교육에 이용된 교훈서.
7) 닌교조루리. 세와모노. 지카마쓰 몬자에몬의 작품.

가쓰시카 호쿠사이(葛飾北斎), 『에도 가부키 연극(東都歌舞伎大芝居の図)』, 1779~1794, 대영 박물관(British Museum) 소장본.

위는 전혀 없었다.

그러나 곤란한 자리를 벗어나기 위해 유카에몬과 입에 발린 약속을 나누는 장면을 아들 쓰즈미의 스승인 미야지 겐에몬(宮地源右衛門)에게 들키고 만다. 그의 입을 막기 위해 술을 마시게 하려고 하던 것이 어느 틈엔가 자신도 술에 취해 아들의 스승과 '점점 깊어지는 관계'를 맺어 버리게 된다. "내 남편을 사랑한다"고 오타네는 후회하고 자신의 진의를 드러내 보이고 자살한다. 남편은 그녀의 숨통을 끊은 다음 겐에몬을 찾아가 훌륭히 메가타키우치를 한다.

그리고 역시 『야리노곤자카사네카타비라(鑓の権三重帷子)』[8]의 주인공 사이. 사이의 남편이 에도 근무로 집을 비우고 있던 때의 일이다. 그녀는 미

---

8) 조루리 기다유부시. 세와모노. 전2권. 지카마쓰 몬자에몬의 작품.

남으로 평판이 자자한 사사노 곤자(笹野權三)와 차실(茶室)에 남게 되자 상당히 도발적인 태도를 보이지만 실제로 불의를 범한 것은 아니었다. 그렇지만 운이 나쁘게도 정원에 떨어진 두 사람의 허리띠가 간통의 증거가 되어버린다. "잠에서 막 일어난 헝클어진 머리의 모습으로 누구에게 어떻게 변명을 할까. 이미 무사 체면이 떨어졌다. 그대도 짐승만도 못한 처지가 되었다"라고 곤자가 한탄하자 사이도 또한 "그렇다면 그대도 나도 인간이 아닌 축생이 되었는가. 부처님의 가호도 사라지고 처벌을 받아야 하는 비참한 처지가 되어버렸는가"라고 울부짖는다. 실제로 관계를 맺은 것은 아니지만 '축생'으로까지 자신을 비하하는 두 사람. 여기에서도 남편 이외의 남자와 관계를 갖는 것이 허락되지 않는 조강지처(= 지온나)의 성적 모럴이 강력하게 작용하고 있다. 사이는 "두 번이나 수치를 당하는 것은 죄송합니다만, 한 번만 '내 아내다. 내 남편이다'라고 한마디만 말해주세요"라고 말하며 억지로 자신과 간통한 남자가 되어 주길 부탁한다. 여기에서도 잘못 맺어진 탓에 오히려 괴로운 남녀 관계가 그려지고 있다. 오상과 모헤처럼 사랑하지 않는 남녀의 사랑, 부부가 아닌 부부. 곤자에게 매력을 느꼈다고 하더라도 최종적으로 사이가 사랑하는 것은 남편이었다. 그녀는 곤자와 함께 남편에게 죽임을 당하기 직전 "아직 사랑합니다"라며 남편에게 다가간다.

확실히 조강지처(= 지온나)의 비극은 '범하지 않는 불의'라는 공통적인 동기가 일관되게 그려지고 있다. 비극의 중심은 남녀 간의 사랑의 순수함이 아니라 '불의'를 범한 오명에 억지로 목숨을 바치는 운명의 얄궂음이었다. 최근 이런 종류의 지카마쓰 작품에 남녀의 진실한 사랑이 있다고 해석하는 연구가 유행하고 있다. 구사모리 신이치(草森紳一)도 지카마쓰는 "윤리에 어긋난 간통 그 자체에 조그마한 동정도 보내지 않았고…… 사랑이 아니라 어

디까지나 '윤리에 어긋난 간통'을 그리고 있다(『재치 넘치는 자의 악연(機転才覚者の悪縁)』)"라고 말하고 있는 것처럼, 조강지처(＝지온나)의 남녀 관계는 당시 드라마 속에서는 성욕에 빠진 연애 그 자체의 가치를 노래하지는 않았다.

하지만 조강지처의 사랑에도 서로 마음에서 우러나 사랑하는 예는 존재한다. 오나쓰와 세이주로, 두 사람은 가부키의 '오나쓰쿄란(お夏狂乱)'[9]으로 널리 알려져 일반인들에게 정착된 애인 사이이지만 실은 여주인공인 오나쓰는 많은 부분에서 유녀적인 색채를 띠며 그려지고 있다.

> 알려져 있듯이 어머니는 무로의 조로 유녀, 어머니에게 남동생이 생기기 전까지 나도 무로에서 자랐다. 자신의 어머니가 나쁘다는 둥 유녀의 기풍이 있다는 둥 하는 말은 누구나 싫어하기 마련이었다. 오나쓰 역시 유녀 같은 구석이 있다고 사람들이 말하여 무라시구레 근처에는 가지 않겠다고 오나쓰는 결심했었다. 그녀는 다치노의 돈에 눈이 멀어서 시집가기는 싫었다. 훗날 원망과 괴로움이 있을 것 같아 이번 여름에 맺은 약속을 어기지는 못하겠다.
>
> 『고주넨키우타넨부쓰(五十年忌歌念仏)』

어머니가 유녀인데다가 오나쓰는 유녀 같은 여자라는 악평이 더해져 있었다. 오나쓰는 세이주로에 대한 마음에 거짓이 없음을 보이려고 "제가 거짓말 따위를 말하겠습니까? 시집 같은 것은 가지 않겠습니다"라고 단호히 말한다. 그녀의 기개는 "직업상 많은 관계를 맺으면서도 가슴속 깊이 빠진 남자에게 마음을 다하는 기특한 유녀'라는 조형과 같은 효과를 낳고 있다. 실제로 유녀였던 오나쓰의 어머니에게는 이러한 발상이 딱 들어맞아 "자신

---

9) 가부키 무용극.

의 어머니는 흘러가는 헛된 말에 몸은 섞더라도 마음의 진실만은 견실하시지요. 유녀 천 명 중에도 보기 드문 사람이겠지요"라며 유녀이면서도 마음의 진실을 지키는 성실함을 칭송하고 있다. "시골 손님에게 요청을 받으면 내 몸 하나는 죽어도 ……다다 님과 뜻을 이루었으나 이러쿵저러쿵 사람들에게 놀림을 당하니 얼굴을 던져 벗어버리고 싶습니다"라고 돈을 밝히는 시골 손님의 수청을 거절하고 다다베와 같이 동반 자살하는 『메이도노히캬쿠(冥途の飛脚)』[10]의 우메카와의 기개가 눈에 선하게 다가온다.

한편 『고쇼쿠고닌온나(好色五人女)』[11]에서 오나쓰를 거론한 이하라 사이카쿠도 또한 다른 의미에서 그녀를 유녀적인 성격으로 꾸미고 있다.

이 여름 열여섯 살까지 바람기 덕분에 아직 정해진 인연도 없었다. 그래서 그녀는 시골에서나 도시에서나 풋내기 여인으로 보인 적이 없었다. "이전에 시마하라에서 호랑나비를 문장에 사용하는 다유가 있었는데 그것보다 더한 미인"이라고 교토의 사람들은 말하였다. 하나하나 말할 필요도 없이 사랑에 있어서도 남달랐다.

시마하라의 다유를 능가하는 미모로 평판이 난 오나쓰는 도저히 평범한 여자로는 보이지 않는다. 그녀는 '남다른 정도'로 각별했음이 틀림없으며 제1부 제5장에서 말한 '호색의 여신'에 어울리는 자격을 가지고 있다.

예전부터 성스러운 성으로서 긍정적으로 받아들이고 있던 '호색'은 이 시기에는 '이키(いき)'라는 개념과 함께 현세적인 미학으로 성숙해 있었다. "이키는 호색의 꽃이다"라고 『시키도오키가미(色道大鑑)』에서 말하고 있는

---

10) 조루리. 세와모노. 3권. 지카마쓰 몬자에몬 작품.
11) 우키요조시(浮世草子) 5권. 이하라 사이가쿠 작품. 1686년 간행.

데 유녀로 혼동되는 오나쓰는 그 전형적인 표본을 보여준다. 일가가 모여 봄날 들판으로 나들이를 가서 다른 사람들이 사자춤을 구경할 때 오나쓰는 다음과 같이 말한다.

> 혼자 장막 안에 남아서 충치가 아픈 것처럼 조금 괴로워하는 모습으로, 베개로 삼은 팔 옷소매를 흐트러뜨리고 허리띠는 자연스럽게 풀어진 것을 그대로 놔두고 갈아입을 명주 비단옷을 수없이 쌓아 올린 구석에 현실 같지도 않게 짐짓 코 고는 소리는 얄미울 정도이다. '이럴 때 재빨리 전말을 알고 싶어'라고 눈치채는 것은 마을 여자와는 전혀 다른 세련된 모습이었다.

밀회할 수 있는 둘도 없는 기회라고 생각하여 천막에 혼자 남은 오나쓰는 야릇한 분위기를 만들어 세이주로에게 손짓한다. 이러한 임기응변은 평범한 여자라고는 생각할 수 없는 세련된 방법이 아닐까?

세이주로도 이에 밀리지 않는다. "자연스러운 용모는 옛 남자 나리히라를 그린 그림보다도 뛰어나고 아름다워서 여인이 좋아하는 기상, 열네 살 가을부터 호색의 길로 들어와 이곳 나루터에 유녀가 87명 있는데, 그 누구도 만나지 않은 사람이 없었네"라고 소문난 만큼 인기 많은 미남이었던 세이주로. 그가 옛 남자 나리히라에 비유되는 것처럼 두 사람은 어딘가 호색한 풍류객의 한 쌍으로서 전통적인 이상형의 커플이었다.

지카마쓰가 그린 오나쓰에 대해서도 "같은 입으로 싫다고 말할 수 있는가"라며 남자에게 안기기도 하고 "사람이 오지 않는 동안에 저 모기장을 처음으로 같이 써보지 않겠나"라며 세이주로를 유혹하기도 하며, 특별히 반한 남자에게는 자신의 감정에 상당히 솔직하고 적극적인 여자로 그려지고 있어서 유녀의 딸다운 면이 나타나 있다.

오나쓰와 세이주로의 사랑은 결국 이루어지지 못하는 슬픈 사랑으로 끝나지만, '사랑하기 때문에 일어난 비극'이 사람들 마음에 강한 인상을 주기 위해서는 여자는 유녀처럼 호색의 도에 통달하고 있으면서도, 한편으로는 오직 한 남자에게 사랑을 관철한다는 도식이 중요하다. 게다가 여기에 잘 어울리는 화려한 장식이 더해진다면 더할 나위가 없다. 이러한 점에서 조강지처(=지온나)는 유녀에 비해 아무래도 수수한 인상 때문에 '아름다움의 비극'이라는 효과를 노리기가 어렵다.

그렇지만 이와 같은 조건을 갖춘 유녀적인 여성 오나쓰도 결국 '신주'의 주인공이 되기에는 힘든 벽이 있었다. 그녀는 죽지 않고 비구니가 된

기쿠카와 에이잔(菊川英山), 『시나가와 유녀도(品川遊女図)』, 에도 시대, 도쿄국립박물관 소장본.

다. 아니 일단 죽을 결심을 하지만 사이카쿠에 의하면 그녀가 비구니가 된 것은 세이주로가 죽은 '백 일째 되는 날'이었고, 그것도 사람들이 죽음을 말려 자기 마음을 접고 만 것이다. 지카마쓰의 오나쓰는 세이주로의 죽음을 보고 바로 자살을 도모하지만 '오나쓰도 같이 죽고 싶다고 매달리는 것을 잘 타일러 데리고 돌아가'게 되었다. 여기에는 유녀들의 신주모노가타리에

서 주로 엿보이는 죽음에 이르는 병적인 충동이 전혀 보이지 않고 있다. 유녀가 모두 주저 없이 죽음을 선택하는 것에 비해 조강지처(= 지온나)는 어딘가 선택의 시기가 나쁘다.

당신 목숨을 구해주겠다는 모혜의 제안을 일단 기세 좋게 물리친 『다이쿄지무카시고요미』의 오상도 마찬가지이다. 자기 한 사람만 살아 있어도 모든 것은 결국 변명에 지나지 않는다는 각오를 하고 "그대는 매우 당황한 것처럼 보입니다"라고 모혜에게 자신의 당당함을 보여주면서도 그녀의 각오는 죽을 각오가 아니라 멀리 달아날 결심이었다. 그녀는 "아버님과 어머님이 상심하는 모습이 안쓰럽습니다. 하루라도 오래 사는 것이 효도"라고 말하면서도, 남자와 함께 숨어 살다 결국 붙잡히게 되자 "'되돌아보면 천 일 동안 마음 편한 날은 하루도 없었네. 모두가 흉한 날이었네'라고 말하는 목소리는 눈물에 씻겨 사라졌다"라고 비탄함을 연기한다. 오히려 모혜가 "이것은 어리석은 일입니다. 오상 님"이라고 나무라게 된다.

이러한 경우에 상대 남자와 서로 사랑하는 사이가 아니기 때문이라는 논리도 통한다. 하지만 두 사람을 서로 사랑하는 사이로 그린 사이카쿠의 『고쇼쿠고닌온나』의 오상 역시 삶에 대한 집착을 공공연하게 보이고 있다. "뜻하지 않게도 어긋난 의도로 시작된 일이지만, 그대를 생각하며 밤을 새우며 지냅니다. 다른 이들의 손가락질을 두려워하지 않고 몸을 애태우며……"라고 말할 정도로 서로 정겨운 두 사람이었기 때문에 미련 없이 둘이서 죽는가 했더니, 그렇지 않고 더 오래 살려고 하는 집념이 예사롭지 않다.

"두 사람은 고향으로 보내는 유서를 남기고 물에 빠져 자살하겠다고 말했다. 그렇지만 이곳을 떠나 다른 마을에라도 가서 세월을 보내고 싶다"라는 남자의 제안에 오상이 "나도 유곽에서 나왔을 때부터 그런 결심을 했다"
며 오상이 바로 '금화 오백 냥'을 내주는 장면은 여자의 강인함이 배어 나오
는 유명한 장면이다. 괴로운 피난길 도중에 위태롭게 죽음에 이르렀을 때
에도 모혜가 "조금만 앞으로 가면 의지할 사람이 있는 마을이 가깝소. 거기
로 가면 이 괴로움을 잊어버리고 둘이서 마음 편하게 잘 수 있을 텐데"라고
격려한다. 이 말을 들은 오상은 그 순간 "기쁘네요. 목숨을 걸어야 남자다운
것이죠"라고 말하며 '마음을 바꿔' 여행을 계속한다. 여기에서는 사랑의 에
너지가 그대로 삶으로의 에너지로 연결되고 있다.

3. 유녀의 사랑

하지만 정반대로 유녀의 사랑은 무언가에 홀린 것처럼 죽음을 향해 달
려간다.

"만나고 싶지만 만날 수 없네. 이 세상에서 나눈 약속을 저승에서 이어
보세. 죽으면 가는 높은 험한 명도의 산이여, 이 길을 막는 사람도 없도다."
『소네자키신주(曾根崎心中)』[12]의 여주인공 오하쓰는 이야기의 서막부터 이
미 죽음에 대한 유혹에 사로잡혀 있는 것처럼 보인다. 『메이도노히캬쿠』의
우메카와 역시 손님이 맡긴 큰돈의 봉인을 뜯어 버린 다다베를 향해 "왜 목
숨이 아까우신지요. 두 사람이 죽으면 숙원성취. 지금 당장이라도 하기 쉬
운 일. 각오해 주세요"라고 남자에게 죽을 각오를 보이라고 재촉한다. "아아
서로 마음이 통한 그대와 같은 날 같은 장소에서 죽을 나인 것을. 덧없는 이

---

12) 조루리. 세와모노. 3권. 지카마쓰 몬자에몬 작품. 1703년. 초연.

세상에서 숙원을 이룰 수 있다면 다시 생각할 것도 후회할 것도 전혀 없을 거야." 『이쿠타마신주(生玉心中)』[13]의 여주인공 오사가는 밝은 인상으로 "후세에까지 남겨질 죽은 얼굴에 우는 얼굴을 남기지 마라. 남기지 않겠다고 방긋 웃는 얼굴"까지 했고, 『신주텐노아미지마(心中天の網島)』[14]의 여주인공 기노쿠니야 고하루는 가미야 하루베의 손을 빌려 죽음을 맞이한다. 유녀들의 입에서는 보통 여자인 조강지처(=지온나)라면 절대로 들을 수 없었던 끝없는 죽음에 대한 동경을 들을 수 있다.

그것은 유녀의 신주가 역시 인간의 죽음이라는 차원을 넘었기 때문이었다. 고달픈 삶에 빠진 유녀들에게 사랑하는 남자란 의지할 곳이며 유일하게 마음을 지탱할 곳이었다. 그와 사이가 멀어지면 도저히 살아갈 수 없게 된다. "도쿠 님과 헤어져 한시라도 살아갈 수 있을까. ……어때요? 도쿠 님과 같은 곳에서 죽을 거야. 저도 같은 곳에서 죽을 거예요." 도쿠베를 생각하는 오하쓰의 마음에는 조강지처(=지온나)에게는 없는 절박함이 느껴진다. 좋아하는 사람과 헤어질 지경이라면 죽는 편이 오히려 낫다. 이것은 시대가 변해도 변하지 않는 유녀의 마음이었다.

"……너무하군요. 마음을 주니 무거운 기분을 풀어주고 ……정말로 기뻤습니다. 아주머니, 저기요, 가나에 씨와 만나지 못하게 된 뒤로는 저는 더 이상 어떤 사람을 보는 것도, 목소리를 듣는 것도, 저기요라는 말을 하는 것도 싫어하게 되었어요." 이즈미 교카(泉鏡花)[15]의 『다쓰미코우단(辰巳巷談)』의 여주인공 오키미는 유녀의 몸으로 좋아하는 남자의 존재가 얼마나 소중

---

13) 조루리. 세와모노. 지카마쓰 몬자에몬 작품. 1715년 초연.
14) 조루리. 세와모노. 지카마쓰 몬자에몬 작품. 1720년 초연.
15) 소설가. 극작가.

한 것인가를 역설한다. 오하쓰와 오키미는 에도 유녀의 심경을 여실히 대변하고 있다. "여인은 정조를 지키려고 생각하는 사람이 있을 때 다른 사람에게 몸을 맡기는 일을 정말 싫어하게 되겠지만……." 애인인 가나에와 멀어진 지금은 오히려 아무 거리낌 없이 유녀의 일을 할 수 있지 않겠냐고 의아스러워한다. 이와 같은 말을 하는 아주머니에게 오키미는 필사적으로 호소한다. "가나에 씨의 얼굴을 보면 모든 것이 새로 태어난 것처럼 잊어버리게 됩니다. 그러나 가나에 씨를 만나지 못하게 되고 나서는 아주머니, 저는 정말 힘이 듭니다."

애인이 있다면 다른 남자와 만나고 싶어하지 않은 것도 이해되지만, 없으면 누군가에게 몸을 맡기는게 어렵지 않다는 이론은 유녀에게 통용되지 않는다. 애인이 있어도 없어도 많은 남자와 상대를 해야 했던 유녀들에게 단 한 명의 특별한 남자야말로 괴로운 생활 속 오아시스이며, 이것이 얄궂게도 일하는 기력이 된다. 거꾸로 그 사람을 잃었을 때 유녀는 모든 존재의 지주를 잃어버린다. 그렇기 때문에 죽음으로 바로 이어지는 것이다. 그것은 이미 신앙에 가까운 몸짓이었다.

"있잖아요, 저는 당신을 제 하느님으로 삼고 있었습니다. 저를 축복해 주십시오……." 서양의 창부 에스텔은 애인 루시앙에게 이렇게 고백하고 무릎을 꿇는다.

> 저는 루시앙도 도쿠도 똑같이 사랑하고 있습니다. 제가 여기서 도쿠를 위해 죽을 각오가 되어 있지 않다고 말하는 것일까요. 루시앙을 위해서 죽을 각오가 되어있다는 것과 같은 것이에요. ……이 두 가지 열렬한 신앙을 위해서 목숨을 버리는 일이 저에게 불가능할까요?
>
> 발자크 『유녀 성쇠기』(데라다 도오루〔寺田透〕 역)

미모의 유녀는 자기 애인을 도쿠와 비교하며 죽음을 함께할 사람으로 생각하였다. 오히려 도쿠 이상의 존재로서 목숨을 바쳤다. 에스텔은 동서양에서 똑같이 그려지는 애인에 대한 유녀의 마음을 이야기하고 있다.

이렇게 유녀와 그의 애인의 죽음은 그녀가 믿고 있던 신의 죽음과 동일시되어 거의 종교적 차원으로까지 숭배되었다. 대상을 사랑하는 나머지 대상과 일체화되고 싶다는 열렬한 소망은 최종적으로는 대상과 함께 죽고 싶다는 바람에까지 이른다. 종교적 체험의 근원에는 '성스러운 것'과의 융합감 또는 일체감이 있다. 이렇게 성적 엑스터시와 동화되는 것에 대해서는 제1부에서도 언급하였지만, 그러한 체험이 완벽하게 되기 위해서는 성이 죽음과 직결된 경우이다. 동반 자살하는 유녀가 남자를 끌어들여 죽음으로 이끌고 가는 것은 그녀들이 성과 죽음의 축제를 담당하는 이슈타르 여신의 이미지적 유산이 있었기 때문이다. 그녀들은 그것에 어울리는 성애의 여신으로서 자격을 충분히 갖추고 있다.

"유녀의 사랑은 바닥이 깊다. 마르지 않는 사랑의 글 바다 시지미가와……." 사랑을 생업으로 하는 유녀들은 정을 깊이 통하는 여자. 특히 『신주텐노아미지마』의 고하루는 "동반 자살도 좋고 살아가는 모습도 좋고 잠자리도 좋은 고하루 님"이라는 평판을 얻은 여자이다. "사랑과 연민은 같은 씨앗. 매화는 향기롭고 소나무처럼 높은 위상이 좋구나. 정신을 다잡고 마음이 깊은 것은 미세조로[16]……." 『메이도노히캬쿠』의 우메가와는 특히 누구보다도 정이 깊은 '미세조로'였다. 특히 신격화되어 등장하는 것이 『소네자키신주』의 오하쓰이다.

---

16) 유녀 중 계급이 낮은 유녀. 유곽의 창 앞에 앉아서 손님을 받았다.

풀 잎사귀 연꽃잎은 세상에 물들지 않고

서른세 번 그 몸을 바꿔

호색으로 이끌고

정으로 가르쳐

사랑을 보리의 다리로 삼아 건너가서

구제하는 관세음보살 서약은

신묘하고

감사하도다

관음보살의 이미지에는 완전히 유녀 오하쓰의 모습이 겹쳐지고 있다.

또는 서방질하는 유녀야말로 사랑의 시조신

사랑의 본존, 그 도리 등

오가는 범부들이나

어리숙하게 멋 부리는 남자가

알 수 없는 것이다.

『고쇼쿠하이도쿠산(好色敗毒散)』[17]

바지락을 캐는 할아버지의 모습을 빌려 모습을 드러낸 연애편지를 봉한 자리의 도소신(道祖神)[18]은 유녀들이 애인에게 쏟는 애정 속에서 호색의 비법을 찾고 있다. 말하자면 동반 자살하는 유녀들은 도소신의 말을 그대로 실천하고 있는 여성들이었다.

남자 쪽도 마찬가지로 "부모와 만나게 되면 만에 하나 그 부모가 눈을

---

17) 우키요조시 (浮世草子). 야큐요시 지분(夜食時分) 작품. 1703년 간행.
18) 여행자의 수호신으로, 마을의 경계나 고개 등에 석삼으로 세워져 있다.

뜨지 못하고 코가 없는 사람이라 하더라도 시비를 가릴 일이 아니다. 사랑이란 같이 하지 않으면 이룰 수 없는 것이다(가나조시 『덴부모노가타리〔田夫物語〕』).”[19] 결코 사랑의 상대는 아니었던 아내에 비해 마음 깊이 푹 빠진 유녀는 문자 그대로 '사랑(情)의 시조신, 사랑(恋)의 본존'이었다. 이러한 상황은 근대에까지 영향을 미쳤기 때문에 작가가 남녀의 연애 기분을 알기 위해서는 화류계에 발을 들여 놓을 필요가 있다는 상식이 존재하였을 정도이다(오카 야스오〔岡保生〕, 「화류계라는 문학 공간〔花柳界という文学空間〕」).

이러한 사회적인 상황도 유녀를 일본문학 속의 전통적 헤로인으로 만든 하나의 요인이 된다. 특히 조강지처(= 지온나)와 유녀의 문학적·상징적 기능에 주목해 보자. 성애의 여신인 유녀와 한 남자에게 성이 갇힌 조강지처(=지온나)는 성과 죽음의 축제로서의 신주의 여신이 될 수 있을지 없을지를 가리는 결정적인 차이가 존재했던 것이다.

유녀와 그녀의 애인은 현세를 넘어 피안에서 맺어져서 '신들의 혼인'을 완성한다. 신주를 위해 오하쓰가 갈아입은 새하얀 수의는 동시에 성혼의 신부가 되는 표시이기도 하였다. 그녀는 흔들림이 없이 명백한 신의 신부 마쓰라 사요히메를 계승하는 여신이다. 우리가 그들의 신주에서 단순한 슬픔 이상의 카타르시스를 발견하는 것도 그것이 축제적 레벨로 높여졌기 때문이다. 노지마 가쓰히데(野島勝秀)가 지카마쓰의 신주극을 '앤드로지너스적(양성화적) 합체의 도취'와 '디오니소스적 도취의 축제'라고 명확하게 평가하고 있는 것처럼(「사랑과 죽음의 변증법」) 우리는 애인들의 타계 전생을 통해 영혼의 축제에 초대받은 것이다.

---

19) 가나조시 1권. 작자 미상. 1644~1652년경 성립.

4. 금전과 에로스

노지마는 신주에 얽힌 금전적 요소에 대해서 서양의 비극에서는 찾을 수 없는 '미천한 요소'라고 부정적 평가를 한다. 그리고 그는 "오사카 상인이 금전에 대해 부끄러움을 가지고 있지 않았다"라는 것과 "여주인공들이 돈으로 사는 유곽의 여자라고 하는 특수성을 이야기한 것뿐"이라고 기술하고 있다.

확실히 유녀들에게 비극의 계기가 돈인 경우가 많다. 유녀의 대부분은 처자가 있는 남성을 좋아하게 되었기 때문에 오늘날의 표현을 빌린다면 '불륜의 사랑'이며 그것이 비련의 원인이 되는 가능성도 크다. 그렇지만 그러한 이유가 유녀의 불행을 그다지 결정짓지는 못한다. 왜냐하면, 아내들은 대체로 눈물겨울 정도로 남편의 사랑에 헌신적이었기 때문이다.

"유키가 유녀를 질투해서 남편을 개죽음 당하게 하겠다고 생각했지만, 그만두는 것도 남편을 생각하기 때문이다"라고 남편의 체면을 위해 다유 유기리(1654~1678)[20]를 기녀 명단에서 빼 오려고 결심하는 『유기리아와노나루토(夕霧阿波鳴渡)』[21]의 유키. "나와 아이는 무엇을 입더라도 남자는 남들의 이목이 중요하다. 제 청을 들어서 고하루도 살리고 후토베라는 놈도 조금 체면을 세워 주세요"라고 처음에는 두 사람의 사이를 갈라놓으려고 하지만 결국은 남편의 체면을 세우려고 하는 『신주텐노아미지마』[22]의 오상도 마찬

---

20) 에도 시대 전기 유녀. 오사카 오기야의 유명한 다유. 사후 가부키와 닌교조루리 등에서 등장하게 되었다.
21) 조루리. 세와모노. 3권. 지카마쓰 몬자에몬 작품. 1712년 초연.
22) 조루리. 세와모노. 3권. 지카마쓰 몬자에몬 작품. 1720년 초연. 유녀 고하루와 종이가게 직원 지헤의 정사사건을 각색한 작품. 지카마쓰의 세와모노 중 최고 걸작으로 알려짐.

가지다. "아내 한 사람과만 살을 섞고 사는 남자는 아니지만……." 『다이쿄
시무카시고요미(大経師昔暦)』[23]에서 또 다른 오상이 말하는 대로 아내가 유
녀를 질투하는 것은 오히려 바보 같은 짓이라고 생각하였다.

애인이 아닌 부자에게 몸을 맡기거나, 혹은 애인인 남자가 금전적인 문
제를 일으키는 것처럼, 어느 쪽이든 문제는 금전적인 요소에서 기인하는 경
우가 많다.

경제인류학적 시점에서 본다면 무릇 화폐라는 것은 증여를 받은 쪽이
물건의 영혼에 기반을 둔 유책 관념을 떨쳐버리기 위한 주물이며, 수태와
생명을 담당하는 여성의 생식기관을 상징하는 조개가 원형이라고 한다. 성
애의 여신 이슈타르와 비슷한 아프로디테가 조개에서 태어난 것에서도 잘
알 수 있듯이 성스러운 성의 영력을 근거로 화폐는 생겨났다. 그렇다고 한
다면 화폐와 유녀 모두 그 기원에는 에로스적인 본성을 공유하고 있는 것
이다.

"많은 종류의 넓은 유곽. 여색에 던져지는 금은보화는 흙인가? 모래사
장 서쪽 문인가?(『요도고이슛세노타키노보리(淀鯉出世滝徳)』)"에 나타난 '섹스(色)'
에 던져지는 대량의 금은보화는 여자들이 제공하는 '성'에 대해 남자들이
'유책 관념을 떨쳐 버리'기 위한 주술적 기원의 금전이며, 성스러운 성의 힘
에 대한 응답으로 에로스적인 교환인 것이다.

동시에 유녀들을 금전으로 사는 것으로써 성이 만인에게 개방되었다.
이래서 유녀는 공유물로서 공적인 공동의 환상이 될 수 있는 것이다.

---

23) 조루리. 세와모노. 3권. 지카마쓰 몬자에몬 작품. 1715년 오사카에서 초연. 교토의
다이교시(大経師)의 아내 오상과 모헤와의 밀통 사건을 각색한 작품.

유녀는 '고뇌많은 자'[24]이며 동시에 '세상에 부끄러움이 없는 자'이기도 하였다. '보이는 곳이 모두 자기 집과 같다는 특권은 군주나 유녀나 도둑밖에 가지지 못한다'라는 발자크의 지적은 유녀의 공적인 성격을 예리하게 지적한 말이다. 유녀는 유곽이라는 공간적으로 제한된 곳에 살며 특정한 남성의 부인으로서 소유되지 않는 '무연'의 인간이기 때문에 '공공연한' 성을 살아가는 여자라는 존재이

『야마자키요시베네비키노 가도마쓰(山崎与次兵衛寿の門松)』

다. '돈은 천하에 돌고 도는 것'이라는 표현대로 돈의 본질은 금전과 더불어 성립하고 있다.

이러한 화폐와 여자와의 '무연'성에 의해 관련짓는 것에 대해서는 아미노 요시히코(網野善彦)의 『무연(無縁)·공계(公界)·락(楽)』에서 언급되어 있다. 유녀가 '만인의 뜻을 받아들이는 성녀'인 점과 '금전으로 사는 상품'이라는 점은 모순되는 '배리(背理; 마에다 아이[前田愛], 「유곽의 여자」)'가 아니라 오히려 반대인 것이다. 따라서 유녀도 금전도 성스럽고 천박한 양의적 성격을 서로 나누어 가지고 있다. '연회장에서도 다유도 결국 값비싼 창녀가 아닌가?(『야마자키요시베네비키노 가도마쓰[山崎与次兵衛寿の門松]』)[25]'라고 말하듯, '유녀를 사고 파는 물건'이라고 말할 때는 유녀와 금전 둘 다 모욕되는 것이

---

24) 불교 용어로 모든 중생은 끝이 없는 고뇌가 있다는 것을 바다에 비유한 단어.

25) 조루리. 세와모노. 총 3권. 지카마쓰 몬자에몬 작품. 1718년 초연. 야마자키 요지베와 유녀 아즈마의 정사 이야기로 자식과 부모, 부부의 사랑, 의협심을 그린 작품.

다. 한편 금전의 부유함과 유녀와의 만남은 사람들의 동경의 대상이 되기도 한다.

금전이 신주극의 계기가 되는 것은 결코 '미천'한 것도 '특수'한 것도 아닌 유녀의 죽음에 대한 에로스적인 축제성을 지탱하는 요인인 것이다.

5. 여신의 초혼

이렇게 유녀의 신주극은 시작부터 영혼의 축제극에 어울리는 종교적이며 타계적인 분위기를 띠게 되었다.

> 실로 안락세계로부터
> 지금 사바세계에 시현하여
> 우리를 위한 관세음보살
> 올려보기에도 높고
> 높은 집에 올라 서민의 번잡함을
> 약속해주신 나니와 포구여…….

『소네자키신주』의 막이 열리고 관음보살의 사원 순례. 오사카 33곳의 작은 규모 절을 돌아다니며 관음보살을 참배하는 오하쓰의 모습은 방랑하는 성자 유녀 모습의 잔영이며, 고대 이래 유녀와 성스러운 자는 본질적으로 공통성을 나타낸다. 게다가 죄 많은 몸이야말로 신에 가깝다고 하는 교의적 종교의 평가가 아니라, 오히려 원초적 성과 죽음의 여신 이슈타르의 존재 방식에 가깝다. 그녀는 애인과 죽음에 의한 융합 의식을 행하려는 것이다.

오하쓰가 순례하는 절들의 이름을 마치 목걸이 구슬을 연결해 가 듯이 유려한 필치로 휘감치며 "여색에 애태우며 죽을 수 있다면 진실로 이 몸 하기 따름"이라고 사랑에 일찌감치 죽음의 예감을 내포하면서, '여색으로 이 끌고 사랑으로 가르치는' 관음보살의 모습과 오하쓰가 중복되고 있다.

히로스에 다모쓰(広末保)는 관음보살 순례에 오하쓰의 진혼과 초혼을 보고 있으며(『변계의 난소〔辺界の悪所〕』), 이마오 데쓰야(今尾哲也)도 관음의 시현은 오하쓰의 시현이라고 설명하고 있다(『주석의 원점〔注釈の原点〕―『소네자키신주』의 경우』). 이 초혼은 인간의 초혼이 아니라 성과 죽음의 축제에서의 여신의 초혼이다. 이마오는 쇼쿠 스님(910~1007)[26] 이래의 유녀(=보현) 설화의 유포를 '성공(性空)'이라고 간단히 지적하고 있다. 이를 통해 유녀상의 계보를 돌아보면 오하쓰의 배후에 성스러운 성을 담당하는 이슈타르 여신까지 그 문화사적 배경을 꿰뚫어 볼 수 있을 것이다.

지금 전해주는 늙은 소나무
늙은 소나무처럼
변하지 않는
여색을 바란다

윗글 와키노[27]의 축사를 읊으며 시작하는 『이쿠타마신주』[28]는 변하지 않는 소나무 잎 색에 호색과 애정을 빗대어 변하지 않는 믿음을 선언하고 있다. 호색과 애정의 화신으로서 유녀 오사가가 번화한 신사를 배경으로 등장한다.

---

26) 헤이안 시대 중기 천태종 스님.
27) 본래 '오키나(翁)' 다음으로 상연되어 '오키나'의 와키(脇)라는 의미로 알려짐.
28) 조루리. 세와모노. 3단. 지카마쓰 몬자에몬 작품. 1715년.

가시와야의 사가와 하스바입니다. ……어찌 되었든 본성은 유학자라네. 기름병에서 나온 것 같은 아내. 콩닥콩닥 홀딱 눈을 빼앗아 가는 아내. 새침한 남자를 홀리게 해서 이것저것을 쭉쭉 들이키게 하는 ……정말 하룻밤 팔베개.

남자를 희롱하는 사랑의 숙련자이자 여신의 자격을 갖춘 유녀 오사가가 "부채를 들고 신사 참배하러 간다. 야스이 나마다마 기요미자카…… 그렇다면 그렇다면……"이라며 신사 순례를 한다. 이런 신사 순례는 오하쓰의 관음 순례와 같이 방랑의 미니어처이며 유녀의 신성한 비일상성이 드러나는 부분이다. 그리고 "마음을 끊으라는 것은 죽으라는 것인가 살아서 이룰 수 없는 덧없는 세상이라면 차라리 연기가 되고 싶구나"라는 대사는 오사가의 잠재적인 바람이라고도 할 수 있는 죽음의 예감을 느끼게 한다.

『신주텐노아미지마』를 읽어 보자. 이 작품은 관음 순례 이야기로 시작하지는 않지만,

산조바쓰에서 똥이 굴러 잠깐 똥 굴러서 기다리라고 굴러 옆에서 천천 천천 히히 굴러 우산을 나누어 엉엉엉 하늘이 둥글게 둥글둥글 연꽃 연꽃 똥이 굴러

무슨 해괴한 시작인지? 당시의 동요, 불경, 주문 등이 섞인 일그러진 노래처럼 들린다. 이러한 가락에 맞춰 유녀 고하루가 등장한다고 하는 것은 『소네자키신주』의 시작과 같이 죽음의 축제 여신을 부르는 신 내림 주문으로 받아들일 수 있다. 뒤를 잇는 장면에서는 우타넨부쓰(歌念仏)[29]가 흐른다.

---

29) 에도 시대의 속곡(俗曲)의 하나. 염불에 곡을 붙여서 부르던 노래.

우타넨부쓰(歌念仏)의 춤 장면

나무아비타불 나무아비타불 나마이타불 나마이타불 길을 잃고, 마쓰야마에 닮은 사람 없는, 덧없는 세상이야라고 울며 앵앵 앵앵 와하하 와하하 웃으며 광란의 끝은 얼마나 참혹한가…….

불심이 약한 자의 장난스러운 염불처럼 들리지만 완큐(椀久)[30]의 광란적인 행위는 비련을 암시하듯이 죽을 수밖에 없는 고하루를 향한 진혼이기도 하다. 야마우바(山姥)[31]가 유녀에게 이끌려 나타나듯 죽음 축제의 여신으로서 고하루의 운명에 동조하며 '1번가에서 나무아미타불 스님이 염불을 되뇌며 걸어온다'.

---

30) 완야큐우에몬(椀屋久右衛門), 가부키, 조루리 등에 등장하는 인물.
31) 깊은 산속에 살고 있다는 마귀할멈, 귀녀.

6. 죽음의 축제에서 여성의 주도권

혹시 여신의 초혼이 신주라는 죽음의 축제에서의 남성 역할을 경시하고 있는 것과 같은 인상을 주고 있을지도 모른다. 실제로 이러한 의례에서 주도권을 쥐고 있는 사람은 분명히 여성이다. 지금까지 보아 죽음을 서두르는 유녀의 말투에서도 알 수 있듯이 죽음에 대한 동경에 더욱 격렬하게 움직이는 것은 여성이며, 남성은 반쯤 그것에 이끌려가는 형태로 죽음의 공양을 한다.

"각오하세요"라고 우메카와가 추에몬에게 재촉하며, "이제는 도쿠 님도 죽지 않으면 안 되는 처지인데, 죽을 각오를 듣고 싶어요"라며 오하쓰는 도쿠베를 재촉한다. 그녀는 겉옷으로 남자를 숨기고 갑옷인 호로(母衣)[32]처럼 '여인의 힘'으로 남자를 지키는 동시에 그를 죽음으로 몰아넣는 '무서운 어머니'이기도 하였다.

한나라 고조의 신하 장량이 어머니 옷으로 몸을 지켰다는 속설이 있는데, 이것은 히레(얇은 천)와 마찬가지로 여자가 지닌 천 주술력의 일종이며 동시에 여성의 기본적 성격인 '폭 감싸 안는 어머니의 성격'(E·노이만 『위대한 어머니』)이 드러난 것이라고 생각할 수 있다. '폭 감싸 안는 성격'은 아이를 양육하고 기르는 어머니로서의 측면을 나타내고 있으며, 유녀의 사랑도 자비의 사랑과 부양하는 사랑이라는 모성적인 경향이 강하다. 『소네자키신주』의 오하쓰가 "그렇지만 정신을 똑바로 차리세요…… 오사카를 떠나더라도 도둑질이나 방화범이 되면 안됩니다. 어떻게 되더라도 말해 둘 변명은 우리 마음속에 있는 그것입니다", "제가 있어서 마음 든든하다 생각하고……"라

---

32) 갑옷의 등에 붙여서 화살을 막거나 장식용으로 사용한 폭이 넓은 천.

고 도쿠베를 타이른다.

『메이도노히캬쿠』의 우메카와도 "시모미야지마에서 마음을 정리하고 오사카 해변에 서더라도 당신 한 명은 부육하며 남자에게 더 이상 괴로운 일을 당하지 않게 하겠어요"라고 말하듯이 거리의 창녀가 되어서라도 남자를 부양하려고 하는 강인한 모성애를 발휘하고 있다. 이것은 그대로 문학의 유녀 후예라고 하는 게이샤(芸者), 예를 들어 『메오토젠자이(夫婦善哉; 오다 사쿠노스케)』의 초코(蝶子)에게도 계승되어 있다.

초코는 눈물겨울 정도로 헌신적으로 남편을 봉양하고 그를 가차 없이 징계하는 '무서운 어머니'이기도 하였는데 유녀라는 성의 여신은 궁극적으로 남자들을 죽음으로 몰아넣는다. 여신 아나이티스의 축제에서 사랑의 여신 역할을 담당하는 '부정을 씻어낸 유녀'는 정부와 몸을 섞은 후에 그를 태워 죽여 버린다. 음란죄를 뒤집어쓰고 불에 타버리는 변형된 성과 죽음의 축제 제단에 오른 것이 마녀라면, 정사라는 성스러운 혼인에서 주도권을 쥔 것은 여성이었다. 여자가 출산과 피(血)의 의식에 관여하는 존재인 이상 그것은 면제받을 수 없는 결과라고 할 수 있을 것이다. "성예찬의 종교에서…… 상대 남자는 그를 위한 도구에 지나지 않는다(슈발트 전게서)."

조강지처(=지온나)의 남녀 관계가 서로가 가까워지는 이야기에서 시작되는 것에 반해, 유녀의 신주극은 두 사람의 관계가 오직 그것이 얼마나 파멸로 향하는가를 그리고 있다. 이러한 이유는 유녀가 타계에 전생하는 신의 아내(神婦)로서의 계보를 이어오며 성(性)과 죽음을 담당하는 원형적 여성이었기 때문이다. 예외적으로 유녀가 아닌 여성이 등장하는 것으로 유명한 신주극 『신주요이고신(心中宵庚申)』에는 이렇게까지 죽음을 향해 가는 방향성이 결여되어 있다. 그러나 유녀가 주도하여 강제로 동반 자살(무리신주[無理

『신주요이고신(心中宵庚申)』

心中])[33]하는 이야기가 이즈미 교카의 『주문장부(注文帳)』에서 더욱더 극단적인 형태로 그려진다.

7. 비일상적인 하레의 여자, 일상적인 케의 여자

그렇지만 유녀에게는 성과 죽음의 신성한 여신이면서도 결정적으로 결여된 것이 있었다. 그것은 '다산과 풍요'이다. 여신들은 죽음과 함께 재생을 약속하고 있지만, 생산의 성은 완벽하게 조강지처(=지온나)의 영역에 속하는 것이었기 때문이다.

임신한 유녀는 낙태를 잔혹하게 강요당했다. '화류계 사람'으로서 유녀가 특정한 남자의 아이를 품으려는 것은 공유물에게는 허락되기 힘든 문제였기 때문이다. 반대로 지온나인 아내가 아이를 낳지 못하는 것은 결정적 결함이며 이혼의 중요한 이유로서 군림하고 있었다. 『온나다이가쿠』의 '칠거지악'에는 "두 번째로 아이 없는 여인은 집에서 나가야 한다. 아내를 맞이

---

33) 상대방은 죽고 싶어하지 않는데 억지로 죽게 하려고 하는 것.

하는 것은 자손 상속을 위해서이다"라고 기술되어 있다. 이것은 본장 제2절에서 서술한 철저히 남편 한 사람에게 갇혀 있어야만 하는 조강지처(=지온나)의 성적규범과 결부되어 유녀와는 현저한 대조를 이루고 있다.

예전에는 생산의 성과 쾌락의 성은 함께 경외받는 '성스러운 성'으로 있을 수 있었지만, 오늘날 전자는 일상적 세계에 사는 부인에게, 후자는 유곽이라는 비일상적 세계에 사는 유녀에게로 분화되게 되었다. 남편을 들이는 데릴사위제(招婿婚, 쇼사이콘)에서 여자를 받아들이는 결혼(嫁入り婚, 요메이리콘)으로 이행되며 비일상적인 하레의 여자와 일상적인 케의 여자 사이에 분해가 생기고 문학 속에서도 이 양자의 대비가 노골적으로 보이게 되었다. 이것이 근세에 주목해야 할 유녀문학의 새로운 특징이다. 생활 태도와 미의식의 모든 측면에 걸쳐 보이는 비일상(하레)의 여자, 일상(케)의 여자의 대조적인 모습을 사이카쿠나 지카마쓰의 문체 속에서 조명해 보자.

> 세상을 살아가는 여인의 업보이기에 아침저녁으로 손수 목면 실에 신경쓰면서 막내 딸의 옷소매를 꿰매고, 내 남자 잘 보시고, 청소를 기본으로 솥 불도 크게 지피지 않고, 용돈 출납장은 꼼꼼하게 적어 본다. 서민 집에서 들이고 싶은 것은 이러한 여인이겠지.
>
> 『고쇼쿠고닌온나(好色五人女)』

아내는 옷 짓기나 밥하는 것에 정성을 다하고 검약하며 남편에게 마음을 쓴다. 모헤몬과 간통을 범한 오상은 본래 마을 아낙네에게 모범이 되는 여자였다. 한편 『신주아마노아미지마』의 하루베 아내도 오상에 대해서 이렇게 적고 있다. '가게와 집안일을 둘 다 잘 하는 아내 오상의 배려. 날은 짧고 저녁 식사 무렵…… 바람은 차갑고 두 아이는 추워하겠지. 그녀는 막내가 모유를 마시고 싶어 하는 시각도 잘 안다." 가게와 집안일을 모두 잘하고, 두 아이의 귀가를 걱정하며 돌아오면 부랴부랴 아이에게 젖을 주는 좋은 어머니이기도 하였다. 아이를 돌보는 아내 본연의 모습도 중요한 역할이다. 그녀들은 대부분 아이들의 좋은 어머니로서 등장한다.

미남인 고잔에게 자신도 모르게 갈팡질팡하는 『야리노고잔가사네카타비라(鑓の權三重帷子)』의 사이도 "오랫동안 집을 비우던 중에 자식이 나쁘게 자랐다는 말을 들으면 어머니의 헛된 이름도 부끄럽다"라고 하듯이, 아들의 교육에는 남보다 한층 더 신경을 쓰며 "어쨌든 여자는 머리 모양이 중요해. 천 번이나 빗질한 머리빗으로 몸가짐과 행실을 몸소 가르치고는 아이를 생각하며 손은 반들반들하게……"라고 정성을 담아 딸의 머리를 빗겨주는 훌륭한 어머니의 모습이었다.

그러나 유녀라고 하면,

> 코를 푼 종이는 두 번 사용하지 않고, 생선은 먹지 않고, 소변은 보러 가지
> 않고…….
>
> 『고쇼쿠하이도쿠산(好色敗毒散)』[34]

유녀는 근검절약하지 않고, 귀한 종이를 아낌없이 사용하고, 서민의 음식은 먹지 않고, 배설도 하지 않는다는 현세적인 요소를 박탈당한 인간 보살과 같은 행동을 강요당하고, 일상적 살림 냄새 등을 조금도 풍겨서는 안되었다. 따라서 아이가 있다는 것은 논할 가치조차 없었다. 아이가 있다는 것은 생활 냄새를 풍기는 제일 큰 요소이기 때문이다.

---

34) 우키요조시.야시요쿠지분(夜食時分)의 작품, 1703년 간행되었다. 오사카의 신마치, 교토의 시마하라, 에도의 요시하라에 관한 호색단편집이다.

『온나고로시아부라노지코쿠(女殺油地獄)』[35]의 오기치는 "몸가짐도 어딘지 사랑스러운 아름다운 얼굴"이면서 "색기도 있지만 청어알 같이 많은 아이를 낳아서 가정일에 찌들었지만 마음이 견실하다. 좋은 아내에게 자주 있는 결점으로 보기만 좋고 맛은 없는 사탕으로 만든 장식용 새야"라고 묘사되어 있다. 오기치에게 아이가 많고 생활에 찌든 모습을 가차없이 비난하고 있다. 아무리 아름다워도 이래서는 호색의 여신은 될 수 없다.

『유녀와 가무로(遊女禿図)』, 에도 시대, 18세기, 도쿄국립박물관 소장본.

한편 벚꽃놀이를 같이 가려고 여자를 물색하고 있는 남자들이 유녀들과 섞여서 가고 있는 27~28살의 세련된 아가씨를 발견하고 '이거다, 이거' 하고 들뜨지만, 데리고 있던 하녀가 각각 한 명씩 아이를 안고 있는 것을 눈치채고 "아마도 저 몸으로는 아무리 내 아이라 하더라도 싫어지겠지. 세상 풍속에도 아이 낳지 않을 때가 좋을 때라고 말하지(『고쇼쿠고닌온나』)"[36]라고 그녀가 죽고 싶을 정도로 조소한다.

---

35) 우키요조시. 야시요쿠 지분(夜食時分)의 1703년 작품. 오사카의 신마치와 교토의 시마하라를 중심으로한 유곽의 이야기 15편을 모았다.

36) 지카마쓰 몬자에몬 작품. 1721년 작품. 계부와 어머니 사이에서 고민하는 주인공 요베에가 빚 때문에 기름집 아내 오키치에게 돈을 빌리려고 하나 거절당하여 그녀를 죽이게 된다는 줄거리로 되어 있다.

여자들도 아이가 '엄마'라고 부르는 것을 '못 들은 체하고 간다'. 체호프가 소설에서 "내가 없으면 저 여자는 겨우 32살인데, 내가 있어 이미 43살이다. 그래서 저 여자는 나를 미워하는 거다(『갈매기』)"라고 아들을 미워하는 어머니가 그려져 있는 것처럼, 성애와 모성 쌍방을 구현하는 이슈타르에 비해 현실에는 여자와 어머니는 오히려 공존하기 힘들다.

그래서 '새로운 미녀에게 남자를 만들어 가정을 꾸려 자랑하는 것은 아무리 생각해도 아깝다(우키요조시 『우키요오야지가타기〔浮世親仁形気〕』)[37]라는 발상이 생겨났다. 이 우키요조시는 매력적인 딸을 한 남자의 아내로 두는 것이 아깝다고 생각한 나머지, 딸을 시집을 보내지 않고 '파는 물건처럼' 장식하여 과시하며 살아가는 딸바보 아버지 이야기이다.

"딸들로 즐거운 아버지"라고 이름 붙여진 아버지는 유녀의 팔자걸음을 딸에게 가르치고 다유가 입는 고소대[38]를 입히고는 "저것은 가미카타 지방[39]의 유녀인가. 미야마에서는 눈에 익지 않은 아가씨네. 어찌 되었든 아름다운 모습이네"라고 말하는 지나가는 사람들의 말에 흐뭇해한다. 물론 '재봉, 목화 따기 등 여자가 익혀야 할 재능은 조금도 가르치지 않고' 기예나 와카만 딸들에게 가르친다. 조강지처(= 지온나)와 유녀의 미의식 차이가 여기에서 극에 달하고 있는 것이 보인다.

이러한 소설이 극단적인 예라고 하더라도 "이러한 다유는 세상에 나오기 어려워서 이중 중서로 이십 년이나 봉사하게 만들었다(『쇼엔오카가미〔諸艶大鑑〕』)[40]라며 최고의 다유는 계약이 끝나는 것을 아쉬워하였다. 그리고 다

---

37) 아버지들의 이야기를 담은 작품. 1720년 작품.
38) 소맷부리가 좁아진 형태의 기모노.
39) 교토지방 및 그 부근.
40) 우키요조시. 이하라 사이가쿠 작품. 8권. 1684년 간행. 별칭 고쇼쿠니다이오토코(好色二代男).

『고쇼쿠고닌온나(好色五人女)』　　　　　　　　　　『쇼엔오카가미(諸艶大鑑)』

유는 오늘날 예능인의 은퇴식처럼 "지금은 다른 사람에게 가버린 몸이 되었구나"라고 만인의 공유물이 되지 못하는 것을 한탄한다.

이러한 발상은 근대에까지 남아서 "언니인 오하나는 작은 이중턱이 귀엽게 생긴 아이이기 때문에 미인이라고 할 수는 없지만, 좋은 나이라는 점과 사람들의 평판도 좋아서 풋내기로 내버려 두기에는 아깝다(히구치 이치요 『다케쿠라베』)"라며 매력적인 아이는 여염집 여자인 채로는 아깝다고 생각하였다. 그러나 오늘날이라면 여배우나 가수라고도 말할 수 있지만, 유녀의 경우는 시각적으로뿐만 아니라 성적으로도 공유되는 부분이 있기 때문에 유녀 스스로 기꺼이 '호색의 여신'을 연출하지는 않았다.

유녀들의 잔혹한 생활 실태들은 다른 저서에서도 잘 알려져 있다. 이곳에서 유의해 두고 싶은 것은 유녀들에게 보이는 끝없는 '케의 여성(일상적인 여성)'에 대한 동경이다. 남자들은 일상 세계의 여자―케의 여자를 생활 냄새를 풍긴다고 평가하며 아름다운 여자는 유녀라는 환상을 품고 있었다. 이에 반해 유녀들은 비일상적인 하레의 세계를 떠나 사랑하는 한 남자의 품에 안기는 것—'아내'라고 불리는 여자가 되기를 진심으로 바랐을 것이다.

다유 유기리는 자신을 불성실하다고 비난하는 애인 이자에몬에게 "유기리를 아직 유녀라고 생각하고 있나요? 진짜 부부가 아닌가요?(『유기리아와 노나루토〔夕霧阿波鳴渡〕』)"[41]라고 반문한다. 그녀는 "저는 당신과 부부 같은 사이가 아닌가요?"라며 고민한다. 신주의 길을 떠나는 주베와 우메카와도 "사랑으로 만난 것은 이미 오래전. 오늘은 진실된 부부의 만남"이라며 서로 끌어안는다. 주베가 "그대의 어머니에게 사위라고 인정받고 만나고 싶다"라고 말하자 우메카와도 "첫 만남이 마지막 만남일지도 모르겠네요. 저는 당신 며느리입니다"라며 주베의 아버지에게 합장한다. 그러나 이러한 희망은 현실에서는 이루어지지 않고 죽음으로 향하는 소망과 일체화가 되어버린다.

애인들은 "다음번에, 아니 그 다음번 세상에서 부부로 인연을 맺기를 약속하는 두 사람(『신주텐노아미지마』)"이라며 죽음으로의 여로를 떠난다.

아내가 되지 못하는 비극, 그것은 '소토오리히메[42]의 후예들'에 해당하는 유녀들의 도망칠 수 없는 운명이었다.

> 영원히 그대 만날 볼 수 있을까 생선 잡으며
> 바닷가에 해초가 밀려올 때마다
>
> 『니혼쇼키』

---

41) 닌교조루리. 총 3권. 지카마쓰 몬자에몬 작품. 1712년 오사카 초연. 유녀 유기리와 후지야의 이자에몬의 정사를 다룬 작품.
42) 인쿄(允恭) 천황의 비.

황후의 질투를 꺼려서 천황 곁을 멀리 떠나 다만 작은 행복을 기대하던 소토오리히메 이야기. 가슴에 품은 사람을 가끔씩밖에 만나지 못하는 서글픔을 바다의 해초에 빗대어 노래하는 그녀의 심정은 그대로 훗날 유녀의 마음으로 연결되고 있다.

　　맺어지지 못하는 언약의 그림자를 짊어지고 현세에서 부부로 해로할 수 없는 운명 속에서 유녀들은 죽음으로 다른 세상에서 다시 태어나는 것으로 사랑하는 임과 완전한 일체화를 꿈꾸었다.

X 오유키 이야기

─자애로운 성모

1. 유희와 유녀의 변모

중세시대에는 신주의 여신으로서의 유녀들의 존재 방식을 특징짓던 '가무'는 사라졌다. 1703년 간행된 우키요조시의 한 구절은 그녀들의 변용을 단적으로 전하고 있다.

예전에 잘 나가던 유녀들은 가야금은 세 곡 정도 잘 암기하고 샤미센을 솜씨 있게 연주할 수 있어야만 했다. 와카는 이삼천 수나 암송하고 있어서……. 하는 척하는 것이 아니라 자연스레 정숙하면서도 귀엽게 보이려는 노력이 엿보였다. 그러나 요즘에는 그러한 일은 조금도 생각할 수도 없다. 햐쿠닌 잇슈(百人一首)[1]의 스이마쓰 노래에 적혀 있는 듯한 한 구절만 말하는가 하면, 편지는 천 통을 적더라도 같은 문장, 돌 던지기, 공놀이, 가루타 놀이, 팽이 돌리기, 곰방대로 사람 치기, 찻잔으로 술 마시는 것 이외에 기예가 없어서 이십 종류 향기는 어떻게 구별하는지, 국자는 어떻게 드는지, 대추에는 꿀을 넣어야 한다는 상식을 잘 알고 있는 유타는 극히 적다.

『고쇼쿠하이도쿠산』

---

1) 100인의 가인의 노래를 한 수씩 모은 노래집.

『기유쇼란(嬉遊笑覧)』

옛날에는 뛰어난 유녀라고 하면 가야금과 샤미센을 잘 다루고 와카에도 능하며, 모든 기예에 통달해 있으면서도 결코 그것을 과시하지 않는 우아함을 가지고 있었는데, 요즘 세상에서는 햐쿠닌잇슈도 틀리고 문장은 서투르며, 뻔한 속임수로 흥거워하며 향도(香道)나 다도에도 제대로 소양을 쌓고 있지 않다고 지적한다.

『기유쇼란(嬉遊笑覧)』[2]에서도 다음과 같이 적고 있다.

> 노래와 춤은 원래부터 유녀들의 일인데도 나중에는 그쪽 기예를 잘 알지 못
> 하는 사람이 많아지면서 자연스럽게 안 하는 것이 되어버렸다.

이렇게 유녀들이 스스로 '유희하는' 능력을 잃어버리고 동시에 '유희' 그 자체의 의미도 또한 바뀌어 가고 있었다.

유녀와의 교제를 주제로 한 『쓰유도노모노가타리』에는 "나팔꽃처럼 저녁을 기다리지 않는 꽃보다 덧없는 몸을 세상 살아가는 일에만 헤매게 되어 마음의 즐거움을 알지 못하는 것이야말로 한탄스러운 것이다. 단지 놀아라, 위로하라면서 늙어가는 젊은이도, 고귀한 사람도, 비천한 사람도 유녀와는

---

2) 에도 시대 후기 수필. 총 12권. 부록 1권. 기타무라 노부요(喜多村信節) 작품. 1830년 성립. 에도의 풍속과 가무음곡 등을 중심으로 기사를 모아 기록함.

농을 걸며 즐긴다고 하네"라고 적혀
있다. 여기에서 유녀는 이제 스스로
'유희'의 존재가 아니라 '가지고 노는'
대상으로 전락하고 있었다. '유희'의
주체는 노소 귀천을 불문하고 손님
쪽으로 바뀌었다. 나아가 덧없는 인
간의 목숨을 생각하면 살아 있는 동
안에 있는 힘껏 즐기자는 향락주의적
의미로 '유희'가 사용되고 있음에 주
목하고 싶다. 인간과 신들이 어울리
는 세계를 실현하려고 하는 가미아소
비가 아니라 세상의 영위에서 도피하
려고 하는 유희의 존재 방식이 여기

『유녀와 가무로(遊女禿図)』, 에도 시대, 18세기,
도쿄국립박물관 소장본.

에 여실히 드러나 있다. 가무를 창조하는 에너지가 사라지고 '단지 기분이
좋은', '생산성이 없는' 유희가 대두되기 시작한 것이다.

유희의 장소인 '유곽'은 현실도피를 위해 공간을 제공하는 시설이 되었
다. 초기에는 음주 가무를 즐길 수 있는 장소였지만, 특히 메이지 시대[3] 이
후 가무를 감상하는 장소가 극장과 그 외의 '문화'적인 시설로 이동함에 따
라 유녀들에게는 오직 성적 역할만을 요구하게 되어 버렸다.

사쿠라카와 주시치(桜川忠七)의 자전 『다이코모치(たいこもち)』[4]를 읽으
면 사람들이 유녀에게 추구하는 것이 변화해 가고 있음을 잘 알 수 있다. 유

---

3) 1868년 9월 8일~1912년 7월 30일까지를 말한다.
4) 요시와라에서 태어나 자란 사쿠라카와 주시치가 메이지·다이쇼·쇼와의 요시와라
생활을 처음으로 그린 작품.

녀와 유곽은 향락적인 성을 제공하는 도구로 변해 있었다.

> 지금은 스피드 시대인가요. 노래를 부르거나 춤을 보면서 옛날과 같은 유희
> 를 즐기려는 사고방식이 상당히 적어져 버렸습니다. 뭐 결국 여자니까…….

이렇게 문학에 나타나는 유녀에게도 새로운 변혁이 찾아온다. 소위 유
녀와 유곽에 '현실도피처'로서의 가치만을 인정하고, 어디까지나 남녀 관계
그 안에서만 유지하려는 태도이다. 도피처인 이상 그것은 현실 세계나 일상
세계와는 동떨어져 있지만, 그로 인해 존재 가치가 인정되는 것이기 때문에
도피한 세계와 동일시가 되어서는 어떤 의미도 없어지는 것이다.

그러한 '도피처'에서 숨 쉬는 여자들은 이제 '유희'라는 능력을 잃고(혹은
빼앗겨서) '창녀'로 변한 여자들이 문학 속에서 드러나는 모습을 여인의 거리
로 발길을 돌리는 남자들의 발자국 속에서 찾아보자.

2. 오유키—환상의 요정

> 장마가 끝나고 한여름이 되자 근처 집들의 문과 미닫이를 일제히 활짝 열어
> 둔 탓인지 다른 계절에는 들리지 않았던 소리가 갑자기 귀에 거슬려 들려온
> 다. 여러 소리 중에서도 가장 나를 괴롭히는 것은 판자벽 한 장을 사이에 둔
> 옆집의 라디오다. ……라디오 소리를 피하려고 나는 매년 여름이 되면 저녁
> 도 대충 먹는다. 어느 때는 저녁밥도 밖에서 먹으려고 6시 정각에 집을 나서
> 고 있었다.

옆집의 라디오 소리에 괴로워하며 도망치듯 밤거리로 향하는 한 남자.
그러나 어딘가에 가고자 하는 목적지가 있는 것도 아니고 '올 여름도 작년,

또 그 전년처럼 매년 아직 해가 떨어지기 전에 집을 나오지만 실은 가야 할 곳이 없었다'. 그래서 문득 어느 '하천 근처에 있는 집'이 그에게 알맞은 도피처를 제공하게 되었다. 그 집은 '다이쇼 도로에서 어느 골목으로 들어가 더러운 천 깃발이 서 있는 후시미이나리 신사 앞을 지나 하천을 따라 한층 안으로 깊게 들어간 곳'에 있어서 대로변의 번잡스러움과는 동떨어진 장소이다. "여름밤 내가 라디오 소리를 피하기에는 이만큼 적당한 안식처는 더 이상 없었다"라고 남자는 크게 만족한다.

현세에서 떨어진 다른 세상이라는 의미를 내포한 '하천가의 집'을 더욱 꿈과 몽환적인 이상향으로 바꿔준 것이 집주인 '오유키'였다. 옛것이 좋은 것이라고 생각하는 남자는 '시운에 뒤처진 처지'였다. 나가이 가후(永井荷風, 1879~1959)[5]의『보쿠토키단(墨東綺譚)』의 주인공 오에 다다스에게 언제나 시마다 머리 모양이나 마루마게 머리 모양을 한 고풍스러운 오유키는 다마노이 마을 유녀 중에서 그가 찾아낸 '과거의 환영' 속 여주인공이 되어 주었다.

오유키는 난보쿠(南北)의 교겐을 연기하는 배우와 란초(蘭蝶)[6]를 노래하는 쓰루가(鶴賀)[7] 보다도 과거로 되돌리는 힘에는 한층 더 교묘한 말 없는 예술가였다.

그는 노골적으로 그녀를 칭송한다. 처음부터 그녀는 대단히 로맨틱하게 남자 앞에 모습을 드러내고 있다. "하늘에서 비가 내려와요"라는 그녀의

---

5) 소설가.
6) 신나이부시(新内節). 1772~1781에 만들어짐. 다이코모치 이치카와야(市川屋)의 란쵸가 요시와라의 유녀 고노이토(此糸)와 사랑에 빠져 아내인 오미야(お宮)의 갈등으로 고노이토와 동반 자살하는 이야기.
7) 신나이부시(新内節)의 다유.

영화 『보쿠토키단』

외침에 호응하듯이 내린 빗방울에 오에가 우산을 펼칠 때 "영감님 저기까지
갈게요"라고 '새하얀 목'을 보이는 오유키였다. 기름 냄새 나는 커다란 머리
모양인 쓰부시시마다에 길게 자른 은실이 걸려 바람과 비에 흔들린다……

골목길의 안쪽 창가에 사는 오유키는 "평소보다 늦으셨네요. 너무 기다
리게 하지 마세요"라고 허물없이 친한 척하며 일찍이 고급스러운 유녀에게
요구된 고상함도 기예도 드러내지 않는다. 그러나 오에에게 그녀와 그녀의
주변 공간은 라디오의 번잡함으로 대표되는 일상 세계의 번잡함으로부터
한 때의 해방을 가져다주는 비일상(하레) 세계였다. 그런 의미에서는 오유키
역시 다른 세계의 여신임이 틀림없다. 남자 주인공은 "오유키는 지쳐 쓰러
진 내 마음에 우연히 과거 세상에 대한 그리운 환영을 불러일으키는 뮤즈이
다"라고까지 그녀를 숭상하는 것이다.

그렇지만 여자가 '뮤즈'로서의 역할을 초월하려는 순간 남자는 갑자기 달아나려고 한다. "내가 빚을 다 갚아버리면 아내로 삼아주시지 않을래요?" 갑자기 손을 잡고 이렇게 말을 꺼내자 그는 "나 같은 건 쓸모없잖아"라고 얼버무린다.

남자를 '비밀 출판을 생업으로 하는 남자'라고 믿어 의심치 않았던 오유키는 남자의 '오히려 방자한' 말투에 마음이 놓인다. 신주를 재촉하는 유녀들처럼 그녀는 '다마노이 하천가에 있는 집'이라고 하는 공간을 초월하여 남자와 관계를 맺으려고 한다. 그렇지만 자신의 모든것을 준 그녀에게 남자는 본명도 정체도 밝히지 않는다. 본명 오에 마사로 살고 있는 일상 세계 밖에서 과거의 꿈이라는 비일상적인 오아시스를 확보하기 위해 오유키를 원하고 있던 남자는 그녀를 아내로 삼아서 일상 세계까지 함께 공유한다는 것은 전혀 무의미한 일이었다.

오에는 "오유키는 어느 틈인가 나에 의지해 자기 처지를 일변시키려고 생각하고 있었다. 게으른 여자나 사나운 여자가 되려고 하고 있다"라고 투덜거린다. 꿈의 사제이며 '뮤즈'였던 오유키가 부인이 되어 살아 있는 인간이 되어 버리는 것은 '게으른 여자나 사나운 여자'가 되는 것에 지나지 않아 오에로서는 견딜 수 없는 일이다.

계절이 선선해짐에 따라 그의 발걸음은 소원해지고 9월도 얼마 남지 않게 된 15일 밤 유곽의 주인 노파로부터 오유키가 병들어 입원해 있다는 소식을 듣는다. 그는 그다지 그녀를 동정하지 않고 그녀를 찾아 문병도 하지 않는다. "이미 맨발로 낡은 게타를 질질 끌며 모자도 쓰지 않고 밤 나들이를 하는 계절은 아니다. 이웃집 라디오도 닫힌 덧창에 가로막혀 나를 괴롭히지 않아 집에 있어도 그럭저럭 등불을 즐길 수 있게 되었다", "피난처가 피난처

이어야 하는 이유를 잃게 되니 '여기서 붓을 놓아야겠다''라고 소설은 끝을 맺는다.

오유키의 행방을 명확히 밝히지 않고 단지 희미하게 제3자의 소식을 전하는 것으로 끝맺는 것은 독자인 우리에게 마치 그녀가 홀연히 나타나 어느 틈엔가 사라져 버린 것 같은 착각을 준다.

가후는 소설에서 작가의 얼굴을 내보이며 다음과 같은 부언을 하고 있다.

> 젊은 무렵 나는 유곽 마을 소식통인 노인으로부터 이러한 이야기를 들은 적이 있었다. 이만큼 마음에 들었던 여자는 없다. 빨리 거래를 성사시키지 않으면 다른 손님에 의해 기녀 목록에서 삭제되어 낙적되어 버리지 않을까 하고 걱정하면 그녀는 반드시 병으로 죽거나 그렇지 않으면 갑자기 험한 남자에게 낙적되어 먼곳으로 가버린다.

그가 노인의 이야기를 이상적인 남녀 관계로 말하고 있다는 것을 잘 알아야한다. '병으로 죽는다', '먼 나라로 간다'는 말처럼 남성에게 있어 여성은 '타계'의 존재가 되면 동경 속에서 영원히 미화되게 된다.

구키 슈조(九鬼周造)는 '이키(いき)의 구조'에서 실제로 나가이 가후를 인용하며 가능성이 가능성인 채로 머물러 있는 남녀 관계야말로 '이키'라고 설명하고 있다. '이키'의 미학이 유곽을 무대로 펼쳐지고 있던 것을 생각해 보면 노파의 이야기는 정말 '유곽의 소식통인 노인'이기에 가능한 말이며, '이 정도로 마음에 들었던 여자는 없다'고 하면서도 현세에서 부부로 해로하지 않은 채 타계로 비상해주기 바라고, 영원히 동경하는 여성이 되어주기를 바라는 무의식의 바람들이 그 바닥에 잠겨있는 것이다.

나가이 가후는 오유키를 그러한 '영원의 여자'로 승화시켰다. 그녀의 행방을 무턱대고 찾아가는 '촌스러움'을 피해 어렴풋한 소식으로 소설의 막을 내림으로써 오유키는 남자가 필요로 할 때에 하늘에서 내려와 그의 마음을 위로하고, 역할이 끝나면 다시 하늘로 돌아가는 것 같은 인상을 준다. 혹은 하늘에서 내려와 허무하게 금방 녹아 사라지는 초봄에 내린 눈의 아름다움, 오유키 그 이름에 걸맞은 여자이다.

그녀는 마지막까지 '뮤즈'였다. 유녀를 명백히 부처로 보거나, 동반 자살로 몰아넣는 중세와 근세문학과는 다른 근대문학의 필체로 그리면서 역시 여자는 신화적이고 타계적인 존재로서 사라지는 것이다. 오유키는 그 땅의 여자로는 어울리지 않는 용모와 재치를 지니고 있다. 군계일학이었다.

그녀의 모습은 회상 속에 닫혀 더욱더 아름답게 결정이 이루어져 간다.

오유키와 내가 컴컴한 2층 창가에 기대어 서로 땀이 나도록 손을 쥐며 수수께끼와 같은 이야기를 서로 주고받던 때에 갑자기 번쩍이는 번개에 비친 옆얼굴은 지금도 더욱 생생하게 눈에 남아 사라지지 않는다.

'수수께끼 같은' 대화, 번개에 비쳐 나타난 어둠 속에 환영처럼 떠오른 하얀 옆 얼굴, 오유키의 모습은 몽상 속에서 더욱더 선명해진다.

그렇지만 아름다운 환상은 여자에게는 불행이 되어 돌아온다. 돌연히 발길이 끊어진 남자에게 연락을 취할 수도 없고, 부인이 되는 희망도 사라져 병석에 드러누운 오유키의 창백한 뺨이 남자가 그리는 붓 그림자 뒤에 어른거린다. 그녀도 역시 '맺어지지 못하는 인연'의 계보 위에 서 있는 '비일상의 여자'로서 동경을 계속 이어가는 '하레의 여자'였다.

3. 창부가 있는 공간

'창부'—나가이 가후는 결코 오유키를 노골적으로 부르지는 않았지만, 지금은 우리는 환상의 필터가 벗겨진 '창부의 방'에 도달하게 된다.

> 젊은 여성은 몸매가 노골적으로 드러나는 의상을 휘감고 있었다. 살포시 보
> 이는 어깨의 살결과 검은 하이힐 위에 드러나 있는 복사뼈조차도 그녀의 몸
> 구석구석에서 성기(性器)를 느낄 수 있다.
>
> 요시유키 준노스케(吉野淳之介) 『창부의 방』

그런 여성들이 있는 거리에 한 젊은 남자가 걸어간다. 『보쿠토기단』의 오에처럼 '25살의 나' 또한 직장에서 굴욕적인 기분을 맛보고 '털이 깎이고 물어뜯긴 닭'처럼 상심한 몸을 위로를 받으러 아키코라는 창부의 방으로 도망치는 것이다.

주인공은 '나는 안식처를 발견하고 그것을 나 자신에게 허락하였다. 아키코의 방에 있으므로 마음의 평형을 되살릴 수 있는 시기가 나에게 있었던 것이다'라고 말한다. 이러한 '마음의 평형을 되돌릴' 장소를 제공해주는 여자는 뭐라 해도 창부가 아니면 안 되었다. 왜냐하면 '금전으로 거래할 수 있는 여자, 많은 남자와 공유하는 것을 처음부터 알고 있던 여성의 곁을 다니는 것은 나의 감정을 안전한 장소에 피난시켜 두는 것'이었기 때문이다. 그것은 평범한 여자에게는 불가능한 행위이다.

그는 "창부의 몸에 몸을 바싹 붙여 상처를 핥는 자세였다"라고 자신을 회상한다. 아키코는 그에게 자신의 정직한 감상을 들려준다.

> "털을 뽑힌 닭처럼 보입니다……. 항상 그래요……. 언제나 내 방에서 돌아

갈 때는 인간에 가까워져 있지요. 그리고 난 후 나는 매우 괴롭습니다. 당신은 무언가 안 좋은 일이 있을 때만 내 곁으로 오지요?'

그녀의 지적은 너무나도 핵심을 찌르고 있어서 그는 당황한다. 여기에서는 남자가 '감정을 안전한 장소에' 별도로 두고' 여자의 몸을 육체적으로 취함으로써 재생에너지를 획득하고 있다는 것을 이야기한다.

제목 그대로 설화적, 동화적 분위기에 싸인 『보쿠토기단』에서는 오에와 오유키의 성적 교섭에 대해서는 노골적으로 언급하고 있지는 않다. 그녀는 오직 '과거를 되돌리는 힘'으로 오에를 위로하고 격려한 것처럼 그려져 있다. 그렇지만 작품 속 작품 『실종』에서 젊은 여성의 아파트에 머문 다네다 준페이가 다음 날 아침 다시 태어난 것처럼 생기를 얻고 있는 점에 세토우치 하루미(瀬戸内晴美)가 주목하는 대로(『명작 속의 여자들』), 오유키가 다만 잠자코 웃으며 앉아 있는 여성은 아니었다는 사실이 오에에게도 중요한 배후로 작용한 것이다.

작가 요시유키는 그것을 작품의 주제로서 노골적으로 명확히 드러내고 있다. '창부의 몸에 몸을 찰싹 붙여서'라고 묘사한 것처럼 신체적으로 해방이 주는 힘을 창부 아키코는 날카롭게 간파하고, 내가 '매우 괴롭힘을 당하'니 당신은 '인간에 가까워지고 있다'고 큰소리로 나무란다. 여기에서는 이제 창부는 환상으로 미화되지 않으며, 감정을 제거하고 남녀 관계를 철저히 육체적으로 좁힐 수 있는 '성의 제공자'로서 비친다. 동시에 남자가 단지 재생의 도구로서 창부를 원하고, 인생을 걸지 않고 관계하는 경향도 더욱 뚜렷해져 간다.

작품 속 '나'는 "내게 창부는 애처롭고 그리운 마음을 달래주는 존재였다"라고 인정하면서도 '한 계단 높은 안전한 장소'에서 그녀들을 바라보며

'상처를 핥을' 필요가 없게 되면 간단히 관계를 끊어 버린다. 『보쿠토기단』의 오에가 가을이 되어 다시 자신의 방으로 돌아가 버린 것처럼 말이다.

> 내가 근무하고 있는 회사에서 점점 나는 잘하고, 못 견딜 만큼 힘들었던 굴욕감도 점점 느끼지 않게 되었다. ……나와 창부가 사는 마을 사이에 낙차가 생긴 것 또한 그것에 수반하여 생긴 일이라고 할 수 있다.

남자는 자신에게 창부가 사는 동네가 피난처였던 것을 냉정하게 인식하고 있었다. 그것에 그다지 기가 죽는 모습도 없고, 일이 잘 진행되기 시작되자 친숙하던 아키코와도 "잘 지내"라고 지극히 담백하게 이별을 고한다. "이 마을은 내가 필요하지 않게 되었고, 나 또한 이 마을이 필요하지 않게 되었다." 발 빠르게 마을을 떠나는 남자의 모습을 그리는 것으로 이야기는 끝을 맺는다.

그렇지만 '일상적인 여자'가 되고 싶다는 여성의 욕망은 변함없이 존재하기 때문에 여기에 남녀 간의 넘기 힘든 골이 생기게 된다. 요시유키는 여성들의 허무한 노력을 일련의 창부를 그린 다른 작품에서 그리고 있다. 『거리의 바닥에서』의 주인공 사타케는 "반한다는 것은 괴로운 것"이라고 말한다. 그러면서도 그는 "집착하지 않는 마음을 즐기고 있는 거야"라고 계속 시치미를 떼며 '거리의 밑바닥'에 있는 창부 데루코의 품을 찾아다닌다.

> 이러한 여자의 곁에서는 어떤 허점투성이의 태도를 보여도 허를 찔릴 일은 없을 것이다. 그는 이렇게 생각하고 긴장을 푼다. 일을 잊고 그는 여자의 몸을 제멋대로 애무를 하거나 멍하게 드러누워 있었다. 그녀의 방에서는 주위의 물건들이 이중적 의미로 그의 머릿속으로 기어들어 오는 일은 없었다. 이것도 그의 마음에 들었다.

사타게에게도 창부가 있는 '거리의 밑바닥'은 모든 일을 잊고 생각을 해방할 수 있는 도피처였다. 자신의 일이 '상품의 캐치프레이즈를 생각하는 직업'으로 모든 사물을 항상 주시하는 버릇 때문에 '풍경이 이중적인 의미로' 머릿속으로 들어오는 것을 고민하던 사타게는 데루코의 방에 들어와 비로소 그러한 혐오스러운 일상에서 해방되는 쾌감을 맛본다. 더 이상 축제의 공간은 아니지만 창부가 있는 공간은 명백히 일상생활과는 이질적인 해방감을 가져다주는 공간임이 틀림없었다. 그리고 그것을 가능하게 하는 것이 데루코의 '창부로서의 육체'임을 충분히 인식하고 있던 사타게는 여자에게 자신의 모든 것을 걸고 사랑하는 '세상 물정 모르는' 생각은 털끝만큼도 하고 있지 않았다.

사카이 호이쓰(酒井抱一), 「유녀와 가무로(遊女と禿図)」. 에도 시대, 도쿄국립박물관 소장본.

하지만 여자는 그렇지 않았다. 항상 자신과 함께 결정하고 자신을 찾아오는 사타게에게 장삿속이 아닌 감정을 품기 시작하고, 그와의 관계를 '창부가 사는 거리'의 틀 밖으로 이동시키려고 한다.

데루코는 "······이런 곳이 아닌 곳에서 당신과 만나고 싶어요"라고 사타케에게 말한다. 그것은 '창부'의 역할을 떠나 남자와 관계하고 싶은 여자의 의사 표시였다. 남자는 억지로 거절하지 않고 두 사람은 가끔 호텔에서 만나게 된다.

그렇지만 남자의 마음은 여전히 식어 있었다. 다름 아닌 '좋아하지' 않아도 육체 관계를 맺을 수 있는 '가벼움'이 있기 때문에 창부의 방은 남자의 피난 장소가 될 수 있고 사타케에게는 존재 가치를 가지게 된다.

> 그녀는 평범한 소녀가 되어 사타케라는 애인과 팔짱을 끼고 호텔 안으로 걸어 들어가고 싶은 것이다. 한편 사타케는 그러한 것을 바라는 것이 아니다. 데루코의 곁에서 안식을 찾기 위해서는 그녀가 창부인 점이 필요한 것이다.

이러한 두 사람의 잔혹한 낙차, 여자 쪽은 변함없이 아내 자리에 대한 동경이 작용하고 있었다. 창부인 데루코는 예전과 같은 유녀의 화려함은 사라졌지만, 그곳에는 오하쓰나 우메카와와 같이 특정한 남자에 대한 정열이 숨을 쉬고 있었다. 그렇지만 데루코의 불행은 그러한 여심에 대하여 남자가 더 이상 대답해 주지 않는다는 것이다. 게다가 뭇사람들의 동경을 받아오던 유녀와는 달리 사회가 창부에게 보내는 시선은 현저한 경시로 기울고 있었다. 비교적 교양이 있는 창부와 사귀고 있는 남성의 입을 빌려 요시유키는 "물론 결혼할 리가 없지. 그렇게 된다면 그거야말로 출세에 방해가 되지(『원색의 거리』)"라고 말하고 있다. 근세의 유녀가 사람들의 심상 세계 속에서 '신주의 여신'이 될 수 있었던 것은 유녀들과 사랑에 목숨을 건 남자들의 존재가 한 편의 시가 될 수 있는 사회적인 감정이 존재하고 있었기 때문이며 그것이 사라져 버린 지금 여자는 혼자서 제자리를 헛돌 뿐이다.

사타케는 친구에게 "아무리 그곳(창부의 거리)으로 빠져들 듯이 걸어가도 결국 나는 여행자에 불과하다. ……나 자신 그 장소에 자리를 잡고 살아가려는 마음은 없어……"라고 말한다. "여행자에 불과하다"라는 것으로 남성은 창부와의 관계를 시간적·공간적으로 제한된 관계로 보고, 일상 세계로부터 어디까지나 일정한 거리를 유지하려고 노력한다. 이것은 두 사람이 공유하는 시간을 가능한 한 늘리고, 일상 세계까지 서로 나누려는 데루코와는 전혀 정반대의 방향이었다. 그들의 어긋남을 작가는 극명하게 그려낸다.

> 데루코는 사타케라는 여행자의 눈에 비친 하나의 사물이었다. 데루코를 사물로서 사타케가 손으로 만지고 귀여워하고 있는 동안은 아무런 문제가 없었다. 그러나 한 번 데루코와 사타케 사이에 감정이 통하기 시작하고 사타케 앞에 데루코가 살아 있는 인간으로서 여자의 모습을 드러내자 여러 가지로 번잡한 일이 일어났다. ……제멋대로 보고 즐기던 사물이 한 인간으로 변한 것은 그를 곤혹스럽게 만들었다. 또한 데루코도 사타케가 여행자인 것에 대해서 불만을 품고 그러한 불만은 결국 증오로까지 변하여 굳어지게 된 것이다.

'우카레메'[8)가 있던 그 옛날 여자들은 마음을 허락한 남자가 여행자가 된 것을 한탄하였다. 지금 창부인 데루코도 남자가 '여행자'인 것을 슬퍼한다. 여기에서 '여행자'는 정신적인 거리를 가리킨다. 문자 그대로 '여행자'와 여성과의 교류를 그린 근대문학도 존재한다. 여기에서 헤로인은 창부는 아니지만 역시 유녀문학사의 후예라고 말할 수 있는 게이샤(芸者)이다.

---

8) 노래나 춤으로 남의 흥을 돋우고 또는 매춘하는 여자. 창녀, 유녀.

국경의 긴 터널을 빠져나가자 설국이었다.

　사람들에게 널리 알려진 『설국』의 첫머리에서 이야기는 일상 세계에서
설국이라고 하는 '타계'로 발을 들여놓는다. 타계에서 『보쿠토기단』과 같이
뮤즈가 되어 준 여성이 고마코이다. 그녀는 몸을 파는 창부는 아니지만 '완
전히 평범한 여자라고는 말할 수 없는' 여자이며 '근본이 화류계출신 여자
와 같은' 허물없는 모습을 보여준다. 남자주인공 시마무라는 "……그러니
까 나는 여행자가 아닌가"라고 말하지만, 한편으로는 도쿄에 아내와 자식이
있는 일상생활을 확보하면서도 "지금은 그녀의 육체도 너무 익숙해진 것일
까? 사람의 살이 그리운 마음과 산이 유혹하는 마음이 같은 꿈처럼 느껴"지
듯이 여성의 육체에서 비일상적인 꿈의 오아시스를 발견한 것이다. 작중에
서 집요하게 반복되는 산과 고마코의 연쇄 이미지는 산의 무녀, 유녀의 잔

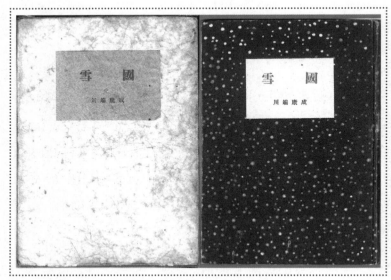

가와바타 야스나리(川端康成)의 『설국』

상이며 타계를 담당하는 여자의 원형이다. 결국 진짜 게이샤가 되어 어린 나이에도 명인다운 샤미센 연주를 들려주는 고마코는 시마무라에게 문자 그대로 뮤즈가 된다. 그녀의 '권화장(勧進帳)'[9]을 듣고 시마무라는

> 너무 놀랐다기보다도 두들겨 맞아 뻗어버렸던 것이다. 경건한 염원이 몰려
> 오고 회한이 밀려왔다. 자신은 이미 무력해져서 고마코의 힘에 의해 마음대
> 로 휩쓸려 가는 것을 기분 좋게 몸을 내던지고 떠 있을 수밖에 없었다.

그녀가 노래하는 무녀의 흐름을 이어받은 여자임을 선명하게 제시하는 이 장면은 작품 안에서도 가장 아름다운 장면 중 하나일 것이다. 그러나 아름다운 환영은 아름다운 환영으로 끝내고 싶다. '고마코가 애써 사이를 좁혀오면 좁혀올수록 시마무라는 자신이 살아 있지 않은 것 같은 가책이 심해졌'다. "이번에 돌아가면 더 이상 별것 아닌 온천에는 오지 않을 것이다"라는 그의 위구심은 '살아 있는 몸의 여자'가 되려고 한 데루코에게 사타케가 품은 것과 같은 위기감이다. 고마코와의 모든 것이 시마무라에게는 '달콤한 놀이'였다. 진지한 놀이였던 '가미아소비'의 시대는 아득히 사라지고 단지 일상 세계와는 이질적인 한정적 공간이라는 의미만 남겨졌다.

> '여행자라는 것을 증오하지마'
> 그 순간 그 안에서의 데루코의 위치를 이해할 수 있었다.
>
> 『거리의 바닥에서』

다가오는 고마코에게 시마무라도 아마도 비슷한 불평을 하고 싶었을 것

---

9) 신사, 불상, 종 등의 조영과 수복을 위해 자금을 모으는 것을 기록한 장부.

이다. "이제는 이곳을 떠나지 않으면 안 된다", 작품은 이렇게 마지막에 이르게 된다.

가와바타 야스나리의 또 다른 작품 『이즈의 무희』에서도 비슷한 모티브를 찾아볼 수 있다. 유랑하는 우카레메(= 창녀)의 그림자를 내포한 무희는 주인공인 학생의 '여행'이라고 하는 비일상적 시공의 아름다운 '사물'이며 무희가 이별에 진지함을 느끼고 있는 데 비하여 학생은 '상쾌한 만족' 속에 자기도취적 눈물을 흘린다. '저 멀리 사라지고 나서…… 하얀 천을 흔들기 시작'하는 무희의 모습에는 어딘가 히레(천)를 흔드는 마쓰라사요히메의 모습이 겹쳐진다.

창부의 거리의 데루코만이 그런 여자 중에서 유일하게 남자에게 '복수'를 시도한다. 사타케가 '여행자'인 것에 대한 '불만이 결국 증오'로 심화된 그녀는 사타케를 매춘의 참고인으로 지명한 것이다. 사타케는 경찰에 불려가 기분 나쁜 경험을 맛본다. 그러나 그것도 한순간의 부끄러움이며 사소한 저항에 지나지 않았다. 데루코의 '복수'의 자체가 그럴 마음도 없기 때문이다. 오히려 경찰에 출두해 얼굴을 맞댄 두 사람은 오랜만의 재회에서 그 걸음으로 호텔로 가버리는 남녀의 친밀한 모습을 보이며 글을 맺고 있다.

요시유키는 데루코의 '박복함'을 비극적으로 미화하지도 않고 또한 환상적이지도 않게 사실적으로 담담히 그려냈다. 그러나 그녀가 '맺어지지 못하는 인연'의 그림자를 짊어진 일상 세계에서 단절된 공간을 살아야 했던 것은 명확한 사실이었다.

4. 타락한 여신 - 창부가 갖고 있는 성의 행방

이렇게 창녀라는 점을 여자들의 존재 가치로 인정하고 있었던 남자들이
대부분인 가운데, 적게나마 그녀들과 함께 인생을 걸어가려고 하는 남자의
모습도 그려지고 있다. 이러한 남자에게 상대 여자의 '창부'라는 부분은 반
대로 혐오해야 할 요소로서 부정되었다.

> "아케미 씨, 나는 당신이 그곳에 있어 주지 않았으면 해. 나는 당신이 다른
> 남자에게 안긴다고 생각하면……"
>
> 『원색의 거리』

창부 아케미에게 프러포즈를 한 남자는 좋아하는 여자가 많은 남자를
상대로 하는 직업을 갖고 있는 것을 한탄한다. 그리고 막상 신부로 맞이하
게 되자 '아케미가 창부인 것을 철저히 은폐하고 자신의 집으로 맞아들이기
위해 극도의 배려를 시작한다'.

창부라는 직업은 남자의 심리에 있어 바람직하지 않을 뿐만 아니라 동
시에 사회의 정서적인 면에서도 칭찬받을 일도 아니었다. 결국은 '세상의
눈'까지 신경을 쓰기 시작한다.

> "내가 일주일 안에 준비해 올 테니까. 당신은 근처 아파트에서라도 생활하
> 다가 내가 있는 곳으로 와 주었으면 하는데. 당신이 번듯한 아가씨로 보이
> 면 좋겠고, 나도 그런 아가씨와 결혼하고 싶으니까 말이야."

마찬가지로 창부에게 첫눈에 반해 버린 남자는 여자의 직업을 한탄
한다.

첫눈에 내가 반한 여자가 매음녀인 것은 나를 슬프게 한다. 슬픔은 인간을
피곤하게 한다.

다카미 준(高見順)[10] 『싫은 느낌』

여자 자신도 좋아하는 남자가 생기자 불특정 다수의 남자를 상대로 하
는 것을 부끄러워한다.

"괴로우니까 돌아가……."
다른 손님을 받고 있는 것을 역력히 내가 모두 아는 것은 괴로운 일이
다.……
"있잖아, 그렇게 해 줘."

이러한 남녀 마음의 움직임은 여자가 다른 손님을 받고 있는 것을 어딘
가 운치 있게 바라보고 있는 나가이 가후의 작품에 나오는 남자와는 전혀
대조적이다. 나가이 가후의 여자들은 미묘한 남녀 관계의 심리를 잘 알고
있는 여자들이고, 오히려 이 점이 매력의 원천이었다. 근세의 유녀는 성을
공유하기 때문에 여신이었다. 많은 남자는 성에 대한 같은 환상을 가졌기
때문에 유녀는 호색과 정(= 사랑)의 부처였다. 그러나 오늘날 그것은 정반대
의 가치에서 논해지고 있다.

물론 주인공이 첫눈에 반한 클라라[11]와 같은 창녀가 창녀 중에서도 최
하급에 속하는 여자였던 경우도 있었다. 그러나 역시 최하급 사창인 요타카

---

10) 1907~1965. 소설가, 시인
11) 이탈리아의 성녀.

(夜鷹)¹²⁾가 다유 다카오를 앞에 두고 매우 간절히 호색이란 무엇인가를 설교하는 샤레본¹³⁾이 있다.

> 애초에 요타카(유녀) 놀이라는 것은 실로 호색의 진정함을 추구하고 애욕에
> 서 벗어나 미천한 부분은 없다.
>
> 『세키부인전(跖婦人傳)』¹⁴⁾

고시조로(格子女郎)¹⁵⁾의 여동생과 다유 다카오에게 요타카 세키는 자랑스럽게 설명하기 시작하고, 호색에 싸인 다유 생활을 "정직한 마음으로 남자와 여자가 관계를 맺는다면 이것이 호색의 근원이다. 조금 잘난 척하는 듯이 들리겠지만, 음양의 자연스러운 현상이 호색이다"라고 비판한다. 이렇게 호색의 비법을 설명한 그녀는 '지혜와 용모'를 빛내며 "에구치는 실로 보현보살의 화신이다. 세키도 또한 내가 보기에 코 없는 지장보살의 화신이다"라고 칭송하였다.

성적인 교류에 호색 철학이 뒷받침되던 시대에는 음란한 행위를 파는 것이 결코 경멸로 직결되지 않았다. '코 없는 지장보살'이라는 표현이나, '세키부인전'이라는 노장사상의 패러디를 노린 제목을 보면 골계미를 노리고 있는 것으로 세키의 힘찬 말에서 당시의 '호색'의 힘이 그대로 전해지고 있다.

---

12) 에도 시대에 밤에 길에 서서 손을 끌던 매춘부.
13) 에도 시대 소설의 한 종류. '샤레'라는 것은 유곽을 중심으로 '쓰우(通)'라는 미적 생활을 주축으로 인간의 골계미를 그린 것을 이미한다.
14) 샤레본. 1749년에 만들어진 데이로시(泥郎子)의 작품. 총 3권으로 매춘부 오세키가 요시와라의 내부를 폭로한다.
15) 에도 시대 유녀 계급의 하나. 요시와라에서는 다유(大夫) 다음의 계급, 쓰보네(局) 위의 계급.

그렇지만 '성'이 '외설'로 전락해 감에 따라 남자들과 사회가 창부에게 두는 거리는 점점 벌어졌다. 예를 들어 건실하게 결혼을 바란다고 하더라도 '창부인 것'을 말소한 뒤라면 똑같은 것이다. 그녀들은 성스러운 것과는 상관없는 곳으로 쫓겨나 버린 것인가?

아니, 너무 성급하게 결론을 내려서는 안 된다. 『창부의 방』의 젊은 남자는 아키고의 방으로 가는 것으로 확실히 '털을 뽑힌 닭'에서 '인간'으로 돌아올 수 있었다. 『보쿠토기단』의 오유키도 오에게 무엇과도 바꿀 수 없는 평온함을 주었다. '곪아 터진 내 마음'의 '뮤즈'라고 오에가 말할 때 그는 신에게 받은 은총에 가까운 것을 그녀에게서 느꼈다.

신이 인간이 되려고 할 때 오에는 유곽에서 스스로 몸을 빼버리고, 『거리의 밑바닥에서』의 데루코도 '살아 있는 몸의 여자'가 되려고 한 순간 남자에게 거절당해 버린다. 무엇보다도 이러한 사실이 여자들이 창부이기 때문에 남성들에게 재생의 에너지를 주는 무녀라는 것을 증명하는 증거가 될 것이다.

미야타 노보루(宮田登)는 설법 『오구리(をぐり)』에서 유녀로 변한 데루테히메(照手姫)[16]가 오구리 판관을 죽음으로부터 구해낸 것에 주목하고, 유녀는 어떤 영력을 발현하는 존재라고 지적하고 있다(『여성과 영력과 가문의 신』). "여성이 지닌 성행위 자체가 지닌 주술력이 비일상 공간에서 발현한다"라는 그의 주장대로 창부들은 일상생활과 격리된 공간에서 많은 남자에게 성을 주는 것으로 남자를 되살리는 여신이자 무녀였던 것이다.

남자는 여자에게 육체적인 관계만을 원한다. 그것은 당사자인 여자에게는 견디기 힘든 굴욕이었을 것이다. 일상 세계의 남녀 관계에 허락된(혹은 항

---

16) 법경에서 나오는 전설 속 인물인 오구리 판관의 애인.

상 따라다니는) 인격은 인정되지 않는다. 특히 상대방을 사랑해 버렸을 때 여자들은 그 위치를 넘으려고 발버둥 친다. 그렇지만 남자가 그녀들을 고유명사가 아닌 '여자'로서 원했다는 것은 그녀들의 존재를 개인적인 수준에서 보편적인 수준으로 끌어올리는 일이기도 하였다.

> 내 관찰은 결코 틀릴 수 없는 사실을 단언하게 된다. 그것은 오유키와 그 어떤 관계가 없더라도 창 밖에 사람이 지나다니는 거리와 창 안에 오유키와의 사이는 서로 융합해야 하는 한 가닥 실낱으로 이어져 있다는 것이다. …… 창밖은 대중이다. 즉 세상인 것이다. 창 안은 일개 개인이다. 그리고 이 양자 사이에는 현저하게 서로 반목하고 있는 그 무엇도 존재하지 않는다. 이것은 무엇에 기인한 것일까?

오에는 '이것은 무엇에 기인한 것일까?'라고 의아해한다. 『보쿠토기단』 중에서 아마 가장 아름다운 한 구절로써, 오유키라는 '한 개인'의 '세상'에 대한 무한한 포용력(=융화의 힘)이 '스스로 자신을 미천하게 만들고' 있었던 그녀를 신적인 존재로까지 격상시키고 있는 것을 우리도 확인할 수 있다.

여자들은 설령 어떤 일을 당하더라도 남자들을 받아들였다. 만인에게 육체를 여는 창부들은 이를 통하여 사회를 한없이 끌어안고, 정신의 고귀한 희생을 통해 사회의 바닥으로 격하되어 버리지만, 의연하게 재생의 힘을 공급하는 무녀이자 여신이었던 것이다.

이러한 여자들의 성에 대한 존재 방식이 요시유키 준노스케의 창부를 다룬 작품들 속에 극명하게 떠오르고 있다. 『원색의 거리』에서 아케미는 자신과 결혼하려는 남자가 '그녀 주변에서 창부인 흔적을 모두 씻어 버리려고 몰두하기 시작한' 것을 보고 '심한 혐오'를 느낀다. 그의 행동이 매우 위선적으로 그녀에게 비친 것이다. 왜냐하면, 창부의 존재를 떠받치고 있는 것도 남자들임이 틀림없기 때문이다.

이미 아케미가 이미 그 사진을 보고 있는 것은 아니었다. 사진에 집중된 남자들의 눈. 음습하게 빛나는 수많은 눈을 보고 있었다. 많은 눈은 아케미를 궁지로 몰아 이 거리로 몰아넣은 눈이었다.

여자들이 주는 재생의 에너지에 의지하면서도 그녀들을 타락시키는 사회. 발자크는 유녀를 '파리 퇴폐의 산 제물'이라고 말했지만 지금 우리는 그녀들을 '문화의 산 제물'이라고 부를 수도 있을 것이다. 왜냐하면 '성'은 일찍이 문화(문화라고는 아직 자각하고 있지 않았지만)를 낳은 성스러운 공간에 군림하던 힘이었지만, 지금은 그것과는 정반대의 가치로 말해지기 때문이다. 아니 성적인 것을 '난잡'이라는 형태로 대상화해가는 것 자체가 문화적 영위의 일환임은 틀림없다. 특히 교의적인 종교는 인간의 에로스적인 부분을 '죄'로서 배제해 왔다.

그렇지만 안주하지 못하고 속세의 인간으로서, '수많은 눈'의 하나로서 창부를 성립시키고 있는 남자의 입장을 요시유키는 일련의 창부 작품 속에서 바라보고 있다. 그의 펜은 창부들을 표현하는 데에 가차 없이 노골적으로 경멸하는 단어를 남자들이 토하게 해서 천박한 '원색의 거리'로서 창부의 거리를 그린다. 그렇지만 그것은 반드시 작품 전체가 작품 속 남자들과 같은 차원에 서 있는 것을 의미하지 않는다.

어느 길모퉁이에서 불결한 취기와 같은 고뇌가 나의 얼굴을 뒤틀리게 하였다(아마도 화장실 계단으로 몰래 내려가는 두 사람의 창부를 발견했기 때문일 것이다). 그럴 때면 어김없이 나는 토하고 싶은 기분에 휩싸인다. 내가 벌거숭이가 된 것인지? 그렇지 않으면 내가 갈망하는 창부들을 벌거숭이로 만든 것인지?

축 늘어진 육체의 온기가 나의 기분을 풀어준다.

G 바타이유 『마담 에드와르다』

또한 바타이유는 이미 신창일 수 없고 남자를 위로해 줄 수도 없는 여자들을 응시한다. 그리고 '성스러운 성'을 잊은 문화 속에 살아가는 남자는 그녀들에게, 또한 자기 자신에게 어떤 '고뇌'를 발견해 버린 사실을 고백하고 있다. '자신이 벌거숭이가 된 것인가? 그렇지 않으면 내가 갈망하는 창부들을 벌거숭이로 만든 것인가? 어느 쪽이든 이 '고뇌'는 항상 그를 따라다닌다.

바타이유는 자신이 조형한 창부의 입을 빌려 "그러니까…… 나는 '신'이니까……"라고 말하고 있다. 그렇지만 창부들의 대부분은 이미 스스로 무녀라고 믿을 수 있는 상황에 살고 있지 않다. 같은 '고뇌'는 여자의 몫이기도 하였다. 『원색의 거리』의 아케미가 스스로 창부의 흔적을 지우고 결혼하려고 하는 남자에게 느낀 혐오는 동시에 '자기 자신에게도' 향해졌다. 흔적을 제거해야 하는 직업을 가진 그녀는 '자신감을 잃어버렸다'. 불특정 다수에게로 향해진 성을 짊어진 여성들, 나아가 사회에서 경멸의 대

시바미즈(芝水), 『유녀와 가무로(遊女と禿図)』, 에도 시대, 19세기, 도쿄국립박물관 소장본.

상이 되어 버린 여자들.

한편, 자신들 성의 존재 방식에 의존하며 여유롭고 일상적인 성을 살아가는 여성.

그러한 여성의 대표자인 '화려한 영양' 유리코의 모습을 보았을 때 창부 아케미는 자신의 정체를 알 수 없게 되어 그것을 어떻게든 꿰뚫어보려고 호의를 품고 있던 남성(루리코의 약혼자인 어느 남자)과 몸을 부딪치고 발작적으로 바다에 뛰어든다.

> 자신이 서 있는 지점에서 한순간에 소멸해 버리고 싶다는 기분이 격하게 아케미를 사로잡았다. 어떤 작용이 일어났는지 확실한 의식은 없었지만, 그녀의 몸은 하나의 덩어리가 되어 정면에서 모토키 히데오와 부딪쳤다.

그렇지만 그녀의 이러한 행동이 어떤 해결도 되지 못했던 것은 두말할 필요도 없다. 구조되어 돌아온 의식 속에서 그녀는 단지 창부였던 과거를 지우고 결혼하려던 남자에게서 거절을 확인한 것일 뿐이었다.

그렇지만 이러한 확인은 무거운 저항 의지의 표명이 될 수 있었을 것이다. '아케미는 다시 그 거리로 돌아가려고 하는 자신의 마음을 알았을' 때 창부였던 자신을 지우려고 하는 남자를 거부함으로써 그 남자로 대변되는 사회에 무언의 항의를 드러낸 것이다.

> 옛날 여왕이나 왕은 두려움 없이 우카레메(=유녀)에게 마음을 주었지만, 근대의 행정제도 및 정치조직은 그것들보다 거만한 것인지 아니면 수치심이 강한 것이지, 어찌 되었든 이 수도의 아픈 곳을 정면에서 감히 상대하려고 하지 않았다.
>
> 『우카레메성쇠기』

발자크는 '수도의 아픈 곳'이라고 돌려 말하고 있지만 아마 사회의 '치부'라는 꼬리표가 붙어 버린 우리는 도대체 무엇인가……? 이것이 아케미의 질문이며 나아가 행정제도의 문제에 머무르지 않고 문화시스템 자체를 묻는 심오함을 안고 있는 것이다.

요시유키는 그녀들의 행방에 대해 "여자들의 의식을 재구성하려고 불타는 남자들에 대해 몇 개의 이야기를 썼지만, 유감스럽게도 결말은 언제나 바람직하지 않고 남자들의 패배로 끝나고 있다(『원색의 거리』)"라고 서술하고 있다. 거리의 여자들 대부분은 아케미와 같이 설령 거리 밖으로 나오려고 하거나 일단 나왔다고 하더라도 원래의 거리로 돌아가 버린다. 그 원인은 무엇일까?

> 원래의 거리로 돌아가는 원인은 오히려 여자 자신의 내부에서 찾을 수 있을 것이다…….
> 거리의 여자들이 소위 몸을 팔아 살아간다고 하는 생활양식을 떠나려는 뜻이 없다면 그것은 해방이나 속박이라는 단어와는 그다지 관계가 없게 되는 것이다.
>
> 『원색의 거리』

여기에서 요시유키는 '일상'의 여자가 될 수 없는 운명을 짊어진 전통적인 유녀의 계보 위에 있는 여자들을 계속해서 그리며 '해방이나 속박 등의 단어와는 그다지 관계가 없는' 새로운 요소에 대해 지적한다. 그는 '창부들의 몇십 퍼센트는 정신박약자'라는 사실과 '관련이 있을지도 모른다'고 의문을 던진다(이 상관관계에 대해서는 한 서구학자의 지적이 있다(J-G 마시니 『매춘의 사회학』)).

    자기 존재를 '개인'과 분리하여 '여자라는 육체'의 역할을 짊어지는 것은 정신적·육체적으로 상당한 부담이 될 테니까 지능적인 박약이라는 형태는 그러한 부담을 낮추는 것일지도 모른다. 그러나 그것을 '우둔한 인간이 그런 직업에 종사하기 때문에 사회의 질이 저하되는 것이다'라는 발상으로 치부해 버리는 것은 너무나도 피상적 혹은 낙천적 도덕주의가 아닐까 생각한다.

    그녀들이 매춘을 통하여 성을 나누어 주는 무녀의 기억 위에서 살아가고 있는 것이라면 불특정 다수에게 몸을 맡기는 것으로, 그녀들은 어쩌면 지능이 낮은 사람은 신에 가깝다고 하는 오래된 신앙의 기억을 내포하면서 변형된 '여인의 힘'에 대한 신앙을 짊어지고 있는 것일지도 모른다. 다만 그 대가와 보수는 바빌론의 신창과 같이 '뮤릿타'에게 바쳐지는 것이 아니라 표면상 자기 몸을 제공한 여성 개인에 바쳐지고 있지만 말이다.

    축제 속이 아닌 '세속'에서 팔려가는 창부의 성의 행방은……? 그것은 더 이상 여기에서 답할 수 없을 듯하다.

가이게쓰도 안도(懷月堂安度), 『유녀와 가무로(遊女と
禿図)』. 18세기, 에도 시대, 도쿄국립박물관 소장본.

종장

〈하레의 여자들〉

여성은 '요정'으로 태어난다. 일정한 규칙으로 반복되는 기분의 고양. 그녀
는 시빌라[1]이다. 사랑에 의한 그녀는 '여자 마법사'이다.

미슐레 『마녀』

미슐레의 말은 서양에서의 '아내의 힘'에 대한 지적이었다. 거기에는 여
자의 성이 가진 힘이 크게 작용하고 있다고 할 수 있다. 예전 사람들의 마음
을 크게 동요시킨 '초인간적인 것', '성스러운 것'의 개재를 떠올리게 했던 죽
음과 탄생의 의식에 성 또한 군림하고 있었다. 그리고 이를 지배하는 여자
들은 신성한 존재이기 때문에 사회의 비일상적─타계적─하례의 부분을 짊
어지는 것으로 운명이 정해져 버렸다.

대부분의 여성 중에서도 특히 불특정 다수의 남자들에게 성을 나누어주
는 역할을 짊어진 여성들은 어느 때는 노래하고, 어느 때는 손수건을 흔들
고, 또 어떤 때는 사랑에 순교하는 죽음의 축제를 집행하며, 사회의 바닥으
로 곤두박질쳐 버리면서도 성스러운 힘을 잃지 않았다.

"아내라는 것은 장기 계약한 매춘부"라고 말한다. 그렇지만 실제로는 평
범한 여자와 성을 무차별로 시행하는 여자들 사이에는 무녀성이라는 문화
사적인 본질적 차이가 존재하고 있다. 여자이면서도 여자가 생명에 관여되
는 것을 '불행'으로 받아들일 수밖에 없었던 인간이기 때문이다.

---

1) 시빌라(Sibylla): 그리스로마 고대전설에서 아폴론의 신탁을 말한 무녀의 이름.

그녀의 불행은 다음과 같다. 자신은 생물학적으로 생명을 반복시키는 운명
이 정해져 있으면서도, 그녀의 눈에 생명은 그 자체로 존재 이유를 가지는
것처럼 보이지 않고 오히려 그 이유가 생명 그 자체보다도 더 중요하게 생각
되기 때문이다.

보브와르 『제2의 성』

레비스트로스는 이러한 '생명'에 대한 편견에 근거를 한 페미니스트는
인간의 존재 자체에 대한 편견으로 이어질지 모른다고 말한다.

자연의 과정은 여성을 통해 전개되고 남자와 여자를 낳는다. 문화의 과정은
남성이 전개하는 것으로, 여자는 자연적으로 태어남에 따라 사회적인 성격
을 부여받는다.

『야성의 사고』

이는 단순히 '자연'과 '문화'라는 대립적 개념이 성숙한 이후에 하나의
분석 개념을 제시하는 것에 지나지 않는다. 무릇 여자가 체현하는 생명(이것
은 오늘날의 '자연'이라고 불리는 것이지만)을 다른 어떤 형태로 대상화하려고 하는
노력 속에서, 눈에 보이지 않는 힘의 개재를 생각하지 않을 수 없는 비일상
적인 체험을 형상화하려는 노력 속에서 문화(이것은 일찍이 '유희'라고 불리던 것
이지만)는 싹 터왔다.

그렇다고 본다면 '자연'과 '문화'가 이항 대립을 한다는 것으로 보고 문
화를 논하려는 자세는 근대적인 인식 구조에 기초한 문화론의 영역에 지나
지 않는다. 오트너(Ortner S.B)의 여성론도 그러한 예이며, 『모권론』의 바흐오
펜(Johan Jacob Bachofen)도 모권에서 부권으로의 이행을 이성의 승리라고 간
주하고 있는 점에서는 같은 실수를 범하고 있다. 문화를 생산하는 충동(이것

은 카시러(Ernst Cassirer)가 '상징을 조종하는 능력'으로서 인간 존재의 근원적 활동이라고 위치를 부여한 것에 해당한다)과 자연에 대한 경외는 원래 성스러운 존재와 교감하는 장소에서 혼연일체가 되어 있었다. 보브와르가 말하는 '생명'과 '생명 그 자체보다도 중요'한 것은 결코 정연하게 이분화할 수 있는 것이 아니라 오히려 이 점에 인간 존재의 미묘함이 있다고 할 수 있다.

출발점에 있어 우리는 이미 살아가고 있다. 자신의 의지와 상관없이 주어진 생명, 그리고 자살하지 않는 한 끝을 정할 수도 없다. 그렇지만 그것을 놀이, 즉 축제라는 형태로 의식적으로 컨트롤하려고 하는 시도에서 인간적인 자유와 문화의 획득이 있다. "유희라는 것은 남자와 여자가 생식 메커니즘을 중단하고 성애를 쾌락으로 변질시키는 순간에서 시작되는 것이다(『무의 증여(無の贈与)』"라는 뒤비뇨(Jean Duvignaud)의 글은 너무나도 본질적인 지적이다. '쾌락'에 머무르지 않고 성스러운 상징으로 변해도 좋을 것이다. 어쨌든 종족 번식이라는 목적연관성을 떠나 성스러운 혼인으로 혹은 지고함을 체험하는 연회로 성을 직접적인 목적 이상의 차원으로 높이는 것에서 놀이(=문화)라는 가능성이 열린다. 놀이를 '행복의 오아시스'라고 명명한 독일의 철학자 핑크(Eugen Fink)는 삶에 대한 '궁극적인 목적'으로 향하는 인간 존재의 불확실성을 '놀이'만이 해소시키고, 풍부한 실존의 충족을 준다고 말한다. 분명히 그가 논한 '놀이'는 이른바 '성실하지 않은 것'이라는 의미에서의 놀이는 아니다.

어느 쪽이든 생명의 연속성을 대상화하고, 독자적인 의미를 주려고 하는 시도는 인간을 넘어선 성스러운 것과 연관되려고 하는 상승 지향과 문화를 육성한 놀이의 모습이었다. 그러므로 우선 생명을 체현하는 여자가 자신의 몸으로 놀고, 그 놀이가 결국 문화로서 성숙해지며 근원에 있던 생명과 성을 '자연'으로서 '문화'와 대치시키는 움직임 자체가 문화적인 영위의 일환이 되어 간다. 남성들의 손으로 쓰인 유녀문학도 남성들이 가진 여성의 환상을 단죄하기보다는 그러한 움직임의 일환으로 받아들여야만 하며 본서에서 살펴온 문학에서 나타나는 유녀상의 변천도 그에 대한 반영이라고 말할 수 있다.

그래서 원동력은 무릇 여자, 더 정확하게는 배후에 있는 생명에 대한 경외심에 있다. 그것이 과학에 의해 해독되며 경외하지 않게 되고, 인간의 동물적 부분인 '자연'으로서 가치가 낮아지게 되면 성(性)도 이미 성(聖)이 아니게 된다. 성(性)이 성(聖)에서 세속으로, 그리고 그것을 담당하는 여자들도 하늘에서 땅으로 낮아지는 것이다.

> 가장 높은 곳에도 가장 낮은 곳에도 '여자'가 있다.
>
> 『마녀』

이 말을 가장 뛰어나게 체현하는 것이 유녀라고 할 수 있다. 나는 야나기타 구니오가 침묵해 온 성의 힘을 뛰어난 발견이었던 '여인의 힘'의 근원으로 바르게 평가함과 동시에 그것을 담당해 온 유녀들을 항상 문화사 속에서 타계적이고 비일상적인 부분을 짊어져 온 여자들이자 비천하며 성스러운 여자들을 하레의 여자들이라고 부르고 싶다.

전망―후기를 대신하며

　　그녀들은 어디로 가버린 것일까? 이런 소박한 의문이 생긴 것이 언제쯤부터였을까? 고전문학 속에서 생생하게 살아 숨 쉬는 유녀들. 나에게는 힘에 부치는 큰 문제인 것을 알면서도 진작부터 관심이 있었던 놀이와 문화의 관계와 함께 내 마음속에서 유녀의 존재는 커져 있었다. 처음에는 '확실히 그녀들은 매춘도 했지만 문화적 공헌도 했다'는 방침으로 임할 계획이었다. 그러나 '놀이를 즐기는' 여자들의 모습을 살펴 가던 중 그것이 근대적인 편견이며 위선적인 해석에 지나지 않는다는 것을 알게 되었다. 유녀 생활의 중요한 부분이었던 성을 무시하고 지나칠 수는 없었다. 아니 성의 존재 방식이 변화하는 모습이야말로 그녀들의 존재 방식을 푸는 열쇠라는 것을 알고부터 구상은 큰 폭으로 변화하고 예상외로 성이 논고의 커다란 비중을 차지하게 되었다.

　　『매춘 3000년사』를 집필한 나카야마 다로(中山太郎)는 그 서문에서 "매춘의 역사는 사회 암묵사이다"라고 단언하고 있다. 확실히 매춘은 오늘날의 감각으로 평가하자면 '사회악'으로 단죄되어야 한다. 그러나 이러한 가치판단이 종래 유녀사의 한계를 만들어 버린 것 또한 사실이다. 나는 성에 대한 근대적인 인식을 일단 제쳐놓고 동시에 놀이의 원초적 모습에 착목하는 것으로 유녀들이 성스러운 환상을 짊어지게 되어 온 것을 확실한 문화사적 사실로서 말해 보고자 하였다. 문학에 나타난 유녀 모습은 현실 속 유녀의 잔혹한 생활과는 동떨어진 것이다. 문학에서는 불행조차도 미화하여 감상한다. 그렇지만 그것을 비판하는 것만이 아니라 냉정하게 바라보는 작업 없이는 문화사는 시작되지 않는다. 잔혹한 현실과 아름다운 환상, 그 어느 쪽도 인간에게는 진실이며 그 어느 쪽에서도 인간의 존재에 대한 안타까움이 배어 나오고 있지 않은가?

전승이나 문학은 역사적인 사실이 아니다. 그러나 현실이 전설 또는 이야기가 될 때 어느 정도의 상징화 작용으로 역사적 사실보다 선명하게 대상의 문화사적·정신사적 의미가 엿보이게 된다. 특히 중세 이전의 텍스트에서 있었던 것과 바람직한 것은 근대인의 눈으로 본다면 혼연일체가 되어 있지만, 그것들이 어디까지가 현실이고 어디까지가 공상이라고 구별하지 않고 그대로 제시함으로써 당시 사람들의 감성을 재현할 수 있게 노력하였다.

현행 매춘방지법에서는 '돈을 받고 혹은 받을 약속을 하고 불특정한 상대방과 성교하는 것'을 '매춘'으로 규정하고 있다. 그러한 여성은 예부터 수많은 이름으로 불려 왔지만 '유녀'라는 표현만은 시대를 넘어 계속 살아 남아 있으며 그것이야말로 본서의 문제의식임과 동시에 놀이와 문화와의 관계를 생각하는 실마리이기도 하다. 여기에서는 원칙적으로 '유녀'라는 표현을 사용하였다. 1957년 일본에서 매춘방지법이 시행된 이후 '유녀'는 소멸했다고 하지만 문학 속에서 유녀의 흔적을 계승한 여성을 찾아내 놀이를 즐기는 여자들의 변모를 바라보려고 한 것이다.

오해해서는 안 될 부분이 있다. 나는 과거의 성스러운 성의 존재 방식을 부활시켜야 한다는 주장을 하려고 본서를 집필한 것이 아니며 나 자신이 성 종교의 신자도 아니라는 것이다. 과거의 감성은 어디까지나 과거의 것이며 우리는 그것과는 이질적인 문화사의 시간에 살고 있다. 다만 그 이질인 것에 입각하여 일찍이 존재했던 사람들의 존재 방식을 오늘날의 감성으로 왜

곡하는 일 없이 재현해야 한다는 생각이다.

　놀이와 문화의 관계를 보편적인 레벨에서 생각해 가기 위해서는 앞으로 고찰 대상을 세계사적인 범위로 넓혀 가지 않으면 안 된다. 또한, 본서에서는 유녀가 논의의 중심이었지만 공간이나 시간에 대해서도 검토하지 않으면 안 되며 비교사회사, 비교경제사, 비교법제사 등 현실에서의 유녀와 관계된 다양한 측면과도 서로 얽힌 모습과 중첩되고 어긋난 양상을 계속 바라보아야 할 필요가 있다. 본래 이들 모두를 아울러 '유녀문화사'라고 할 수 있다. 본서는 정확히는 '문학에 나타난 유녀의 역사'이지만 '문화라는 것은 무엇인가'라는 문제를 항상 염두에 두며 참된 유녀문화사를 전개한다는 의미에서 감히 '유녀문화사'라는 제목을 붙여 보았다.

　마지막으로 돌아가신 이소다 고이치(磯田光一) 선생님께 감사 말씀을 드리고 싶다. 내 연구를 걱정해 주시고 폐창론(廢娼論)에 대한 발표 기회를 주셨을 때 선생님께서 "성에 대한 문화사적인 상대주의, 역사적인 상대주의를 인정하지 않는 페미니즘으로는 아무것도 나올 수 없다"라고 하신 말씀은 나에게 마음 든든한 격려가 되었다. 또한 본서의 집필에 즈음하여 문학은 물론 풍속사, 여성사, 민속학, 심리학, 문화인류학, 종교, 철학 등에 걸쳐 사백여 권에 가까운 문헌의 도움을 받았지만 본서에 특히 기술한 것 이외에도 모든 출전을 쓸 여유가 없어 감사의 마음만 적고 싶다.

　그리고 이 책을 사 주신 모든 분께서 솔직한 의견과 비판을 해 주시길 바란다.

역자 후기

'유녀'

놀 유(遊), 계집 녀(女)
데리고 노는 여자.

처음 이 말을 대면하였을 때 충격적이었다. 여자를 단순히 물건 취급하는 듯한 이 단어가 일본문화사의 한 자리를 차지하고 있다는 것이 너무나 놀라웠다.

한국에서는 게이샤를 유녀로 착각하여 생각하는 경향도 있는데 아마도 한국과 일본의 성 문화 차이에서 기인한 것일지도 모르겠다.

유녀들은 가부키와 닌교조루리 문학 작품 등 일본 문화 안에서 헤로인으로서 커다란 자리를 차지하고 있었다. 이러한 유녀들의 모습을 알아보는 것은 일본 문화의 단면을 볼 수 있는 큰 의미가 있는 작업이라고 생각한다.

사에키 준코 교수님께서는 이 책을 집필하시기 위해 약 400권이 넘는 문헌들을 통독하시고 자신만의 첨예한 해석들을 내리셨다.

대학원 시절 일본의 연애사라는 사에키 교수님의 강의를 들었던 것이 기억난다. '연애'가 불과 100년밖에 안 된 이야기라니……. 그때도 너무나 신선한 충격이었다. 교수님의 강의는 언제나 흥미롭고 진지했으며 나에게 일본 문화와 문학이란 신세계를 제공하였다. 그때부터 나는 사에키 교수님의 팬이 되었다. 교수님의 뛰어난 저서를 번역할 기회를 갖게 되어 너무나 영광이다. 번역 실력이 너무 미흡하여 교수님의 저서에 누가 된 것이 아닌가 걱정스러우면서도 일본의 유녀를 한국에 소개할 기회가 되어 너무나 기쁘다. 이 책을 통해 유녀가 일본 문화 안에서 어떻게 살아 숨 쉬었는지, 어떤 의미를 가지는지 한국에 알릴 좋은 기회가 되길 바란다.

고대부터 현대에 이르는 긴 시대와 많은 양의 문헌을 다루고 있는 저서이다 보니 시대와 사회에 따라 변한 일본어 고어(古語)를 한국어로 번역하기가 무척 어려웠으나 가능한 한 원서의 내용을 충실히 전달하고자 노력했다.

저서를 번역할 수 있도록 추천해주신 스승 사에키 교수님과 번역서가 나오도록 기회를 주시고 이 책이 나오기까지 긴 시간 기다려 주신 어문학사 윤석전 사장님, 어려운 일본어 고문을 담당해 주신 김홍래 선생님, 늘 곁에서 응원하고 격려해주며 같이 번역에 동참한 이세진 선생님께 이 자리를 빌려 감사의 마음을 전한다.

역자 대표
김화영

일본 유녀문화사

초판 1쇄 발행일　2013년 10월 28일

지은이 사에키 준코
옮긴이 김화영·김홍래·이세진
펴낸이 박영희
편집 배정옥·유태선
디자인 김미령·박희경
인쇄·제본 AP프린팅
펴낸곳 도서출판 어문학사
　　　　서울특별시 도봉구 쌍문동 523-21 나너울 카운티 1층
　　　　대표전화: 02-998-0094 / 편집부1: 02-998-2267, 편집부2: 02-998-2269
　　　　홈페이지: www.amhbook.com
　　　　트위터: @with_amhbook
　　　　블로그: 네이버 http://blog.naver.com/amhbook
　　　　다음 http://blog.daum.net/amhbook
　　　　e-mail: am@amhbook.com
　　　　등록: 2004년 4월 6일 제7-276호

ISBN 978-89-6184-260-0 93900
정가 18,000원

이 도서의 국립중앙도서관 출판시도서목록(CIP)은 e-CIP홈페이지(http://www.nl.go.kr/ecip)와
국가자료공동목록시스템(http://www.nl.go.kr/kolisnet)에서 이용하실 수 있습니다.
(CIP제어번호: CIP2013021755)